EL SUEÑO DE TODA
Mujer

*«Detrás de la escena del
ministerio y el liderazgo»*

LILIANA GEBEL

Publicado por Editorial Vida
Miami, Florida

© 2006 Liliana Gebel

Edición: *Cecilia Scoccimarra*
Diseño interior: *Matías Deluca para Línea Abierta Group*
Diseño de cubierta: *Matías Deluca para Línea Abierta Group*
Fotografía de cubiertas: *Estudio Massa*

Reservados todos los derechos.

ISBN: 0-8297-4720-6

Categoría: Inspiración / Motivación / Autobiografía

Impreso en Estados Unidos de América
Printed in the United States of America

06 07 08 09 10 ❖ 8 7 6 5 4 3 2 1

Contenido

Dedicatoria 5

Reconocimientos 7

Prólogo 9

Capítulo uno: Cenicienta 11

Capítulo dos: El entrañable «nego» 23

Capítulo tres: Un personaje llamado Dante 33

Capítulo cuatro: Cazadores de sueños 47

Capítulo cinco: Fracasando como líderes 57

Capítulo seis: Los pecados favoritos del diablo 69

Capítulo siete: Historia de tres visionarios 81

Capítulo ocho: ¡Renunciar! 93

Capítulo nueve: Pero, ¿qué hace esta mujer? 103

Capítulo diez: Cruzando la línea de riesgo, otra vez . .117

Capítulo once: Aquello que entendemos por éxito 133

Epílogo: Papeles quemados 145

A la memoria de Antonio Moyano.
Un increíble hombre de Dios y un padre inolvidable.
Sé que estarías orgulloso de leer este libro.

Reconocimientos

A Esteban Fernández, Presidente de Editorial Vida, por haberme alentado a escribir este libro. Estaré eternamente agradecida, aprecio tu audacia.

A Rocky y Sherry Grams, por haber sido utilizados para moldear una etapa de mi vida.

A Misael y Sarita Nieto, mis tíos del corazón, Dios sabe cuánto los amo.

A Graciela Krawchuk, por esa amistad incondicional que nos une desde hace tantos años. Tan diferentes y tan amigas.

A los muchachos del equipo,
Pablo Chamorro, por seguir manteniéndote fiel desde aquellos inicios.
Hernán Hernández, me honra contar con tu noble corazón.
Enrique Gómez, por estar tantos años junto a nosotros.
Germán Gómez, valoro tu eterna paciencia cada vez que tengo problemas con la computadora.
Julio Mariano, eres un gran apoyo por el que oramos durante tanto tiempo.

A mis hermanas Mariana y Carolina, que muy pronto el Señor cumpla todos sus sueños.

A Marta, mi querida madre, por habernos apoyado en los

primeros pasos de nuestro ministerio y por estar cuando más te necesito.

Y finalmente, a mis tres grandes amores, Brian Federico, por ser una persona tan especial y detallista.
Kevin Daniel, por llenar nuestro hogar de alboroto y alegría.
Y a Dante, mi eterno príncipe, por haber descubierto y sacado a luz lo mejor de mi; no lo habría logrado sin tu ayuda.

Prólogo

Es inconcebible el ministerio de Dante Gebel sin Liliana. Ella es parte integral del equipo—los dos en tándem han logrado los enormes sueños de Dios y van por más.

Es por ganarse la mano de Liliana que Dante fue motivado a perder la timidez y vender teclados Yamaha en cantidades récord. Cuando Dios le habló a Dante y lo llamó a ser el pastor de la juventud de Argentina fue su esposa, compañera en la vocación divina, que lo empujó al preguntarle: «¿Cómo vas a predicar en estadios si nadie te conoce?» Pensaron juntos en la manera más económica de llegar a ser conocidos: la radio. Dante empezó a producir un programa de radio lleno de buen humor y buena música. Sus caricaturas llamaban la atención de la gente en un tiempo que abundaba un legalismo muy rígido en el país. ¡En menos de tres meses estaban enviando programas grabados a más de doscientos cincuenta radioemisoras!

Liliana ha sido la primera en creer las promesas de Dios y la que siempre ha permanecido al lado de su esposo ante enormes y aparentemente insondables desafíos.

Un hombre de tal creatividad, dotado de tanto humor y entrega a la gente necesita un cable a tierra. La estabilidad y constancia del equipo y la tenacidad para proseguir han sido provistos por Liliana. Cuántos evangelistas han ascendido a lo alto de la fama e influencia como un cohete pero después de una tremenda explosión y muchas luces lanzadas por todos lados —cae a tierra un palito— lo que queda del ministerio. No así Dante y Liliana Gebel.

Dante y Liliana no han permitido que los elogios ni las enormes oportunidades los cambien. Son los mismos siervos sinceros, íntegros y apasionados que conocí a fines de los ochenta cuando ella estudiaba en el Instituto Bíblico Río de la Plata y Dante nos acompañaba en los tiempos libres del personal.

Al revisar la solicitud de ingreso al seminario bíblico como estudiante, vemos que de muy temprana edad Liliana se ha mostrado dócil y receptiva para las cosas de Dios.

Se entregó a Cristo en un campamento de misioneritas cuando tenía ocho años. Todas las niñas recibieron un papelito en la mano y paradas ante la fogata escucharon la invitación de colocar el papelito en el fuego. Esa acción simbolizaba dar todo su ser a Dios. Liliana no dudó y se acercó de inmediato a lanzarlo. Desde ese momento su vida ha estado entregada por completo al Señor. Su llamado al ministerio fue un año después, cuando predicó el misionero Rafael Hiatt.

Dios estaba preparándola para todo lo que se venía en el futuro. Y ella accedió a dar cada paso con firmeza y abandono total. Su historia y su punto de vista son valiosísimos para los creyentes que anhelan comprobar que Dios todavía transforma y potencializa a los que le creen.

Rocky Grams, Buenos Aires, 23 de enero, 2006
Pastor, Misionero y Director del Instituto Bíblico Río de la Plata.

CAPÍTULO 1

«Cenicienta»

—¡Liliana!

La voz tronó por encima de la tranquilidad de la mañana.

—¡Liliana! ¡Ya es la hora!

No creo que exista una adolescente a la que le guste levantarse temprano, mucho menos para ir al colegio en pleno invierno. Y ni hablar, cuando el frío parece filtrarse sin piedad entre las rendijas de la casa.

Mi madre insistió por tercera vez, mientras que yo le rogaba quedarme un poco más. O el despertador no sonó a tiempo o esa mañana, la persona que me trajo al mundo estaba crispada de los nervios.

Estoy convencida en absoluto, que no debe existir una mujer en todo el universo que no haya escuchado, por lo menos una vez, la historia de la Cenicienta. Y todas coincidimos que lo mejor del cuento es el momento en que el hada madrina hace milagros con una calabaza y un par de ratones. Pero esta es la vida real. Y en el momento que te das cuenta que no hay carrozas ni príncipes esperando en tu futuro, ya es hora de levantarse otra vez.

Ese invierno había sido el más crudo del que tuviera memoria, quizá porque la pequeña casa apenas podía palearlo. Pero hay cosas que uno no se percata mientras es niño, y quizá justamente eso, sea lo bueno de permanecer pequeño. Tal vez por esa misma razón, el exitoso dramaturgo escocés James Matthew Barrie, imaginó a Peter Pan, solo para coquetear con la posibilidad de no estar obligado a crecer.

¿Te sucedió que al regresar a tu casa paterna luego de muchos años y descubrir que aquel inmenso árbol que te servía de escondite era apenas un arbusto? ¿Y qué me dices de hojear un viejo y enmohecido álbum de fotografías y descubrir que la memoria te había jugado una mala pasada al darte cuenta que tu habitación de niño no era tan grande como te lo imaginabas?

Eso es lo fascinante de la niñez, todo parece sobredimensionarse. Y el contrasentido es que si hubo detalles sórdidos, pasan desapercibidos; solo para que lo bueno, logre parecer gigantesco.

Eso es lo fascinante de la niñez, todo parece sobredimensionarse. Y el contrasentido es que si hubo detalles sórdidos, pasan desapercibidos; solo para que lo bueno, logre parecer gigantesco.

Nuestra casa tenía las grandezas que puede recordar una niña, y también aquellos «detalles» que las cosas bellas lograban empequeñecer.

Entre los mejores recuerdos estaban mis padres, que lograban convertir los ratones en alazanes y las calabazas en pomposos carruajes, para que mis hermanas y yo, no nos diéramos cuenta que éramos lo suficientemente pobres como para que el frío se filtrara por las endebles rendijas de la casa.

Gracias a ellos, y hasta esa mañana, nunca me había percatado que éramos pobres. Todos los viernes por la noche, mamá solía preparar una humeante taza de chocolate con leche caliente para cada una de nosotras, y lo presentaba como el menú especial de la semana. Lo esperábamos con algarabía y festejábamos el simple hecho de amanecer un viernes, sabiendo que nos esperaba ese delicioso manjar por la noche. Hasta que me transformé en una mujer, jamás supe que era la manera que ella tenía para estirar el escaso presupuesto.

Pudo haberse sentado en la mesa a lamentarse que no había comida. Estaba en su derecho a decirnos que tendríamos que conformarnos con una paupérrima taza de leche. Sin embargo, lo presentaba como una fiesta. Y otra vez, nuestra hada madrina, se las arreglaba para hacer que los ratones se parecieran a briosos pura sangre.

Solía colocarle fetas de queso a las rodajas de pan, meterlas al horno, e improvisar unas deliciosas pizzas italianas, mientras que papá nos hacía desternillar de la risa con sus mismos chistes malos que veníamos escuchando desde que nacimos.

La casita de mi niñez

Mis padres habían sido lo suficientemente sabios para crearnos nuestro propio microclima. Agradecíamos al Señor cada noche antes de dormir, como si existiesen muchas razones materiales para estar agradecidos.

Por esa razón es que recuerdo aquella mañana en particular. Quizá porque fue el momento exacto en el que descubrí el truco de los ratones. Fue más doloroso que el solo hecho de darme cuenta que éramos pobres, fue la decepción de descubrir que estaba creciendo.

Apenas tomé el desayuno y salí a la calle, para luego cruzar un terreno baldío que me llevaría hasta el ómnibus escolar. Nuestro hogar no encajaba aún en la categoría de «casa». Era lo que en Sudamérica se llaman «casillas». Paredes y techo de chapa, con algunos cartones tapando los orificios laterales. Al lado, estaba ese terreno atiborrado de pasto crecido y montículos de tierra, y una gallina que se empeñaba en perseguirme hasta que llegara al ómnibus. ¿Te suena patético ver a una niña casi adolescente salir de una casilla para verla correr delante de una gallina?, lo sabía. Quizá lo mismo sintieron mis compañeros de clase. Subí exaltada y fue entonces

Junto a mi pequeña hermana

cuando alguien, desde los últimos asientos, imitó la música de la serie televisiva «La Mujer Maravilla» y dijo:

—¡Llegó la mujer de la villa!

Todos los pasajeros del ómnibus estallaron en carcajadas.

El término era ofensivo y discriminatorio. «Villa» es la palabra que en Argentina se utiliza para llamar a los cordones de emergencia. A los condominios donde por lo general, se aglomeran los indigentes.

Pudo haber quedado como una frase más. En principio, porque no recuerdo siquiera quien hizo la broma hace más de treinta años atrás. Lo subjetivo es lo que me sucedió a partir de esa mañana. Antes que el ómnibus retomara su marcha, roja de vergüenza, miré por primera vez mi casa. El cuadro no era alentador.

Fue descubrir que el árbol era arbusto, y el manjar apenas chocolate con leche, en un mismo instante.

Sé lo que estás pensando. Seguro dirás que lo importante es que éramos felices, que mis padres lograron inventar un palacio de amor, y que el bromista del último asiento con seguridad envidiaría mis noches de viernes con la especialidad de mamá.

Pero lo preocupante, no era el sentirme pobre ni lo que veía por la ventanilla. Era el temor al futuro. El pánico de saber que tienes demasiado poco para empezar. Es estar anclado a la nada, mirando a la oscuridad.

Pero lo preocupante no era el sentirme pobre ni lo que veía por la ventanilla. Era el temor al futuro. El pánico de saber que tienes demasiado poco para empezar. Es estar anclado a la nada, mirando a la oscuridad.

Háblale de sueños a alguien que está por egresar de la facultad de medicina, y te contará unos cuantos. Seguramente te responderá que aún no se ha decidido por el sitio donde colocará su consultorio. Pregúntale acerca de sus ambiciones secretas a un estudiante del instituto bíblico, y si logras su confianza, seguramente te contará de ese proyecto de plantar una iglesia. Es demasiado grande, pero está aferrado a la esperanza de su llamado. Y haz lo mismo con quien cada mes, guarda un porcentaje de su salario, para comprarse el automóvil soñado, y te responderá que solo es cuestión de unos pocos años para que logre manejarlo.

Pero hazme un favor, no le preguntes a la niña que

llora en el asiento delantero del ómnibus. Ten un poco de respeto por la mujer a la que una gallina corrió esta mañana, solo para darse cuenta que pertenece a la «villa». Supongo que es lo mismo que habrá sentido la «Cenicienta» cuando a la medianoche el encanto se hizo añicos. Ella estaría convencida que nació sin futuro. Y aunque en mi caso tenía muchos sueños, sentía que sería imposible concretarlos.

De tener una máquina del tiempo, volvería a ese mismo instante, y les diría unas cuantas cosas a esos maleducados. Les diría que no puedes juzgar a alguien por lo que tiene, sino por su potencial, porque al final, es la llama sagrada de su interior lo que cuenta. Pero después de todo, es lo que «diríamos» o «debimos haber dicho». En aquel momento, solo tenía ganas de llorar, mientras mi aliento empañaba la ventana.

A través de los años, me he dado cuenta cuánto puede influir el concepto errado que puedes tener de ti mismo. Sea que lo dimensiones o lo subestimes. Pude haberme evitado muchos dolores de cabeza, si tan solo hubiese oído la voz del Señor.

Cuando la casa editorial me hizo la propuesta de escribir este libro supe que debía dedicarlo a aquellas personas que sienten que están condenadas al bajo perfil. Los que nunca aparecen en las portadas de los libros ni son tenidos en cuenta en las menciones honoríficas. Si estás buscando uno de esos libros que te revelarán los diez pasos para el éxito o los secretos para llegar a la cima, temo decepcionarte.

Básicamente quiero relatarte como se puede ser feliz cuando comienzas anclado a la nada. Con humildad, quiero presentarte un diario de viaje para saber cómo se vive en el mismo eje de la voluntad de Dios, sin la estresante necesidad de tener que competir con tu cónyuge o pedir que reivindiquen tu lugar ministerial.

Tengo la plena conciencia de que si tienes este libro entre

tus manos, es porque sabes con quien me he casado, y quizá te dió cierta curiosidad el saber cómo se sobrevive a incisivas preguntas de todo el mundo, que se empeña en decir:

—¿Cómo? ¿Tú no das conferencias?

—¿Ni siquiera predicas?

—¿No sabes cantar? ¿Haces algo... como decirlo, interesante?

No sé cuantas veces he oído esas preguntas. He viajado con mi esposo a distintas partes del mundo, y las preguntas sobre mis facetas «histriónicas» son el común denominador. Nunca quise compartir el pensamiento general de la mayoría. El suponer que si mi esposo hacía algo en público, por ende yo tenía que hacer algo parecido. De por sí, Latinoamérica tiene el machismo muy incorporado en el subconsciente colectivo: si ese hombre se casó con «esa», con seguridad «esa» tiene que saber hacer algo importante o trascendente. Algo que justifique que él se haya casado con ella.

Es «imposible» concebir la idea que solo es su esposa por una cuestión de amor. Con seguridad, debe saber ofrecer una conferencia a miles de mujeres.

Recuerdo los primeros años, en nuestros comienzos, lo difícil que se me hacía sobrevivir a la presión que ejercían los demás para que yo hiciese algo importante o visible. Si mi esposo daba una charla y los hacía reír, se suponía que yo también debía poseer un arsenal de chistes, buen humor e histrionismo. El ámbito cristiano te presiona a que inevitablemente tienes que ser alguien que marque la diferencia y que tu nombre tiene que aparecer en la marquesina.

> **Es «imposible» concebir la idea que solo es su esposa por una cuestión de amor. Con seguridad, debe saber ofrecer una conferencia a miles de mujeres.**

Siempre me opuse a que Dante colocara en algún afiche o titulara alguna reunión con el clásico: «... y su esposa Liliana». No porque el hacerlo esté mal, sino porque siempre supe que mi función era el apuntalar a mi esposo en lo secreto. Estar en el lugar correcto casi sin ser vista. Viajar a todos lados, y pasar inadvertida. Estar en un escenario, a su lado, sin la necesidad de tener que decir algo sorprendente. Alguien dijo que las mujeres poseemos un sexto sentido, y creo que de no ser así, tal vez Dios nos haya dado un discernimiento especial en situaciones puntuales. Y en nuestro matrimonio nos ha beneficiado con enormidad el hecho de que yo cultivara un bajo perfil y pudiera, de ese modo, tener una mirada más objetiva de las situaciones.

El motivo por el cual escribo este libro es porque soy consciente de las miles de mujeres que sufren la presión externa de tener que igualar o superar los logros del esposo. Nadie registró cuando tú acostaste a los niños y aun tuviste tiempo de persuadir a tu esposo a no claudicar ni bajar los brazos en la visión. No hubo cámaras de televisión el día en que te transformaste en una grúa que le ayudó a levantar la baja estima luego de un día agotador.

> **No existieron los aplausos cuando invertiste tus horas de sueño tratando de recordarle la visión a cumplir a tu cónyuge, mientras compartías una taza de café.**

No existieron los aplausos cuando invertiste tus horas de sueño tratando de recordarle la visión a cumplir a tu cónyuge, mientras compartías una taza de café. No hubo placas de reconocimiento para el día en que impediste que tu esposo llamara por teléfono a ese amigo en un momento de ira. Nadie sacó fotografías cuando él, luego de consolar a tantos, buscó desesperadamente tu hombro, para llorar.

No se publicó una nota, cuando le recordaste con amor que debía abandonar la autosuficiencia.

No colocaron tu foto en un afiche por el simple hecho de acariciar sus cabellos mientras él lloraba por las injusticias de una congregación insensible.

No te hicieron un reportaje en la radio, a la única dama que puede entender los recovecos más secretos del corazón de su esposo.

Jamás te invitarán a una gran conferencia solo por el hecho de haber sido siempre la única fiel a tu esposo, en los amargos momentos de las traiciones y desencantos.

Por eso, y perdona mi insistencia, es que quiero dedicar este libro a los anónimos. Los de bajo perfil. Seas hombre o mujer.

Aún recuerdo la fría mañana en que lloré en silencio mientras veía pasar el paisaje gris por la ventanilla del ómnibus. Ahora, ponte una mano en el corazón, y respóndeme con brutal honestidad: ¿Qué le puede deparar el destino a una «mujer de la villa»?, y aún tengo una pregunta más: ¿Por qué crees que un buen día, Dios decidirá que veas exactamente quién eres y qué es lo que tienes para enfrentar el resto de tu vida?

Este libro contiene ambas respuestas, y las vas a ir descubriendo en cada capítulo.

Sin aún tienes dudas, quiero contarte una anécdota que te arrancará una sonrisa.

Una vez, cierto ex-Presidente de los Estados Unidos, viajaba en su automóvil con su esposa y se detuvo a cargar combustible. Para sorpresa de ambos, quien atendía la gasolinera era un antiguo novio de la juventud de la primera dama.

El mandatario sonrió al reconocerlo, y en voz baja, le dijo a su mujer:

—¿Te has puesto a pensar qué hubiese pasado de haberte casado con él?

Ella apenas lo miró y en el mismo tono de voz, le respondió:

—Por supuesto, tu venderías combustible y él sería el Presidente de los Estados Unidos.

2

CAPÍTULO 2

El entrañable «nego»

Hay recuerdos que regresan a nuestra mente por algún aroma en particular. En ocasiones, el sentir algún perfume puede hacerte volver atrás o traer a la memoria algún recuerdo. Otras veces, es alguna melodía, o sencillamente, algún sonido.

Yo recuerdo casi con exactitud los sonidos de la mañana en que mi padre salió por última vez de casa.

Estos dieciséis años deberían haberlos borrado, pero por alguna razón aún puedo recordarlos. Golpearon la puerta más de una vez, y alguien, como algo paradójico, parecía gritar en voz baja. Volvieron a golpear la puerta y olvidaron apagar las luces de la habitación. Un automóvil apurado dobló en la esquina.

Quizá estaba demasiado exhausta o tal vez presentí algo y no quise escuchar, no estoy segura. Pero a pesar de los años que han pasado, puedo remontarme a esa mañana, y recordar los sonidos del último día que sentiría a papá con vida.

Mi padre siempre supo que sería pastor. Lo exhalaba por los poros, aún cuando su propio líder le aseguraba que el no había nacido para eso. Pero detenerlo a él, hubiese sido como querer tapar el sol con la mano. No puedes darle tus razones a un huracán.

Supongo que soy bastante subjetiva al hablar de mi padre, pero quienes llegaron a conocerlo pueden asegurar que era una de esas personas carismáticas que nacen cada tantos años. Siempre tenía un buen chiste a mano y su buen humor era constante, desde las primeras horas de la mañana. Antonio, para la mayoría, y «el nego» para algunos privilegiados (como una suerte de «negro» dicho por un niño). Su voz, un tanto desafinada, llenaba los rincones de la casa cuando tarareaba una vieja canción o decía la frase: «La vida es un tango, m'hija», y luego solo sonreía.

> **Pero a pesar de los años que han pasado, puedo remontarme a esa mañana, y recordar los sonidos del último día que sentiría a papá con vida.**

Siempre he pensado que los niños son una especie de termómetro. Ellos son quienes en definitiva, determinan si un adulto es realmente genuino. Y mi padre vivía rodeado de ellos, todo el tiempo. De alguna manera, con mis hermanas, nos sentíamos afortunadas por tenerlo para nosotras, en privado.

Un buen día, se le ocurrió ser ventrílocuo, y un misionero llamado Rafael Hiatt le trajo un muñeco desde Estados Unidos al que bautizó Juanito, y se dedicó a cautivar aun más a los niños, y me consta que a muchos grandotes, que se morían de risa con las ocurrencias de Antonio.

Contra todos los pronósticos de quienes no confiaban en él (¿acaso alguna vez ha sido diferente?) comenzó a pastorear dos crecientes iglesias en el conurbano del inmenso Buenos Aires. El resultado, claro, fue predecible. En poco tiempo, las congregaciones no solo habían crecido, sino que sus miembros lo amaban hasta el hartazgo. Es que a Antonio le sobraba carisma, y llamado.

Pero en los últimos años, la enfermedad se había instalado en su cuerpo, y por consecuencia, en nuestro hogar.

Como un intruso que no esperó a que lo inviten, el tumor comenzó a invadirlo todo, sin piedad.

La distancia y el tiempo me hicieron darme cuenta que mi padre jamás hizo uso de su derecho a quejarse. Pudo culpar a Dios, o al mismo cáncer. Sin embargo, por alguna razón milagrosa, se las arreglaba para seguir sonriendo y tarareando viejas canciones de Escuela Dominical.

Los últimos meses predicaba literalmente aferrado al púlpito. De alguna manera, «el nego» sacaba fuerzas de algún lado. Como algo irónico, sus ganas de vivir se intensificaban con la misma fuerza que la enfermedad.

Todas las personas que trabajamos en el liderazgo creemos tener todas las respuestas, hasta que nos topamos con alguien que acaba de perder a un ser amado. Es allí cuando queremos decir algo sabio, o por lo menos inteligente, y tan solo terminamos balbuceando un tímido «lo siento».

Mi padre junto a «Juanito»

Con los años me he percatado que la vida en lo más básico es un ensayo general. Un repaso, en la mayoría de los casos, a base de prueba y error. Pero la verdadera función comienza al partir de esta tierra, es allí donde se corre el telón y el cielo aplaude a rabiar. Lo único patético del caso es que los demás actores que compartimos el ensayo, no estamos invitados al estreno, y solo nos tenemos que conformar con oír la aclamación y los vítores del público desde afuera.

Supongo que nos cuesta comprender que el Señor decida llevarse a un ser amado, por la sencilla razón que tampoco comprendemos el significado de la eternidad. Nuestro concepto del infinito es demasiado limitado como para darnos cuenta que cincuenta, sesenta o noventa años son apenas un pestañear.

Supongo que nos cuesta comprender que el Señor decida llevarse a un ser amado, por la sencilla razón que tampoco comprendemos el significado de la eternidad.

Alguien definió a la muerte como a un nacimiento. La criatura está confortable, sin prisa ni preocupaciones. Pero un día debe abandonar la placenta y entonces se produce la crisis. Los que esperamos afuera nos preguntamos por qué se tarda tanto y quisiéramos hacerle comprender que estará a salvo con nosotros. Que los brazos fuertes y calientes de su madre son mucho mejor que nadar en la oscuridad. De manera afortunada, tardará pocos minutos en darse cuenta. Lo mismo que le habrá demorado a mi padre el cruzar el umbral de la eternidad.

Antonio hizo un muy buen ensayo, así que, supongo que el estreno estuvo formidable. Los ángeles habrán aplaudido hasta que sus palmas quedaron rojas, literalmente. Y estoy segura que el abrazo del Padre fue acogedor.

Puedo comprender lo que sientes si alguien se te ha adelantado en el camino a la eternidad. No me malinterpretes en lo que voy a decirte, no voy a llevarte a lugares comunes ni a frases hechas. Sé con exactitud lo que sufres, porque estuve allí.

Nadie está realmente preparado para afrontar la muerte

de quien amas, ni siquiera el más espiritual. El comprender el concepto de lo eterno es una ayuda, pero tú eres quien luego tiene que lidiar con la soledad. No importa cuán concurrido sea el sepelio, ni las palabras que un ministro pueda decir durante la ceremonia. Hay un dolor que no puede ser compartido y mucho menos comprendido por los que van a tomar un taza de café y comentar lo buena que era la persona.

Sé lo que se siente al ver una silla vacía. Un plato que nadie usará, un muñeco que nadie volverá a hacer vivir de manera mágica. El silencio ensordecedor en la casa y los sonidos comunes que ya no volverás a oír. En otras palabras, estoy segura que mi padre, al igual que tu ser amado, viven una enorme fiesta en los cielos. Fuimos nosotros los que no recibimos la invitación.

Conozco gente que ha estado fuera de su cuerpo por un par de minutos, y por nada del mundo querían regresar. No importa si tenían niños pequeños o un cónyuge al que amaban con el alma. Lo que sentían era incomparable con cualquier cosa terrenal.

No se parece a esas películas americanas donde alguien llega al cielo por un error de papeleo y pide regresar unos años más. Nadie que conozca aquel hogar, quiere volver atrás. Nadie que prueba el aplauso de los ángeles, quiere regresar a ensayar. Nadie que haya abrazado al Señor, querrá volver a nadar en la oscuridad.

El tan solo pensarlo, me ha confortado estos años de ausencia.

Es por ello que recuerdo los sonidos de esa mañana. Porque fue el día en que mi padre cruzó el umbral y abandonó la tormenta para navegar en aguas tranquilas. Fue la mañana en que se abrió el telón de lo divino y se fundió en un abrazo eterno con el Señor a quien sirvió por tantos años. Y claro, también fue el día en que comenzó el resto de mi vida, el segundo capítulo de lo que vendría. Tú sabes justo de lo que estoy hablando. Es increíble como en menos de doce horas, dejas al niño atrás. Es increíble como el solo hecho de toparte con la muerte puede hacerte madurar tan rápido. No importa si cuando sucedió tenías treinta, o doce. Ahora tienes otro concepto de la vida, te percatas que nada es tan duradero como parecía, por lo menos, de este lado del telón. Y es entonces cuando comienzas a valorar lo que tienes como un preciado tesoro. Sea un palacio o una humilde casilla de madera. Una abultada cena o una simple taza de leche caliente.

La mañana en que sentí que se iba de urgencia al hospital, fue justo quince días antes de mi boda. Se suponía que él iba a llevarme del brazo hasta el altar. Quince días, apenas. Al principio sentí que Dios podía haber sincronizado mejor su calendario.

Todos pensamos alguna vez, que si el Creador nos permitiera manejar su agenda, haríamos unos cambios interesantes.

Tu padre se quedaría tres años más hasta ver tu graduación.

Tu hijo viviría para darte esos nietos tan ansiados.

Tu madre retrasaría su partida para que puedas decirle cuánto la amas.

Ese amigo te esperaría en la cama del hospital hasta que tú llegaras y le pidieras perdón.

Tu hermano podría conocer a sus sobrinos.

Tu esposo vería que finalmente has logrado salir adelante.

Ella estaría orgullosa de verte triunfar… de haber vivido solo un año más.

Pequeños y egoístas cambios en la agenda divina.

Simplemente porque no captamos el concepto de la eternidad. Se cumplieron los nueve meses, pero queremos retrasar el parto algunos días más, solo para sentirnos mejor.

¿Retrasarías la partida de tu hijo a la universidad solo para poder verlo en casa todos los días? ¿Impedirías que se forme su propio hogar solo por el hecho de esperarlo con un plato de comida cada noche?

Tampoco impedirías que asistiera al estreno de su verdadera vida.

Hace un tiempo, el genial predicador David Wilkerson estuvo en Argentina y ofreció un seminario a varios líderes. Su rostro está surcado por las marcas de una buena vida invertida en el servicio a Dios, y las canas que pueblan su cabello hablan de una experiencia que vale la pena sentarse a escuchar.

—Cada día que pasa –dijo- me pregunto qué gesto hará el Señor cuando nos encontremos cara a cara. A diario me pregunto si habrá un destello en sus ojos cuando me vea. Espero con ansiedad ver su rostro. Me levanto cada mañana solo pensando en eso. Me pregunto una y otra vez si sus ojos se iluminarán al verme.

Cuando lo oí, no pude menos que conmoverme hasta las lágrimas.

«¿Dónde está, oh muerte, tu aguijón? ¿Dónde, oh sepulcro, tu victoria?», se preguntaba el apóstol Pablo. Y nunca estuvo tan acertado.

¿Retrasarías la partida de tu hijo a la universidad solo para poder verlo en casa todos los días? ¿Impedirías que se forme su propio hogar solo por el hecho de esperarlo con un plato de comida cada noche?

Cuando te das cuenta de lo que significa haber invertido tu vida en servir al Señor, te percatas que la muerte es demasiado insignificante como para darle importancia. Es apenas un trámite. Un trabajo de parto que dará el inicio a la verdadera vida.

Mientras tanto, disfruta del ensayo.

3

CAPÍTULO 3

Un personaje llamado *Dante*

Con seguridad no era mi tipo.

Una mujer promedio suele tener un ideal de hombre, y en mi caso particular, esperaba que fuera rubio, fornido, de ojos azules y con un claro llamado pastoral. Y obviamente este muchacho no reunía ninguna de esas condiciones.

Delgado en forma extrema, (y demasiado extrovertido para mi gusto) seguía observándome de manera profunda mientras decía con total soltura que yo era la mujer con la que compartiría el resto de su vida.

La primera vez que lo vi no significó nada para mí, pero por alguna razón, parecía tener algo que de forma misteriosa era encantador. Ahora que lo pienso, quizá fue su seguridad, o su mirada profunda lo que terminó de enamorarme.

—Lo que te digo es a nivel profético —se atrevió a decirme con una sonrisa franca— vas a casarte conmigo.

—Pero esto es una locura —contesté contrariada— apenas te conozco y ni siquiera de manera remota me enamoraría de alguien como tú.

—Eso es un detalle, tarde o temprano me convertiré en tu esposo.

—Ni aunque estuviese loca.

—Te conocí hace cuatro años, en la campaña de Carlos Annacondia, en aquel momento dejé pasar mi oportunidad porque era demasiado tímido, pero esperé mucho tiempo para volver a encontrarte y no puedo dejar de decirte lo que siento.

—¡No puedo creer que esto me esté pasando!

—Créelo. ¿Nunca te gusto saber con quién ibas a casarte? Bueno, ahora lo sabes. Vas a pasar el resto de tu vida conmigo.

Debo reconocer que toda mujer desea ser admirada y que un hombre diga que pierde la cabeza por una, es todo un halago. Pero este individuo había ido demasiado lejos, demasiado rápido para cualquier mujer, en especial cuando la persona que te lo dice no encaja dentro de los ideales que te has armado durante toda tu adolescencia.

Creía que iba a casarme con un hombre centrado y con un ministerio clásico, y Dante Gebel irrumpe con descaro y sin previo aviso en mi apacible vida.

¿Sabes exactamente de lo que hablo? Planificaste tu ministerio para transformarte en un pastor local y Dios termina enviándote de misionero a Indonesia.

Estudiaste gran parte de tu vida para recibirte de abogado y en menos de un año, el Señor hace añicos tu diploma para transformarte en un evangelista. Pensabas que solo tendrías dos hijos, y nacen seis. Querías ser músico y terminas liderando a la juventud. Querías pasar inadvertido como un gris empleado y acabas dando conferencias por el mundo. Soñabas con ser ama de casa y dedicarte a la crianza de tus niños y terminas siendo profesora en la Universidad, o viceversa.

Creía que iba a casarme con un hombre centrado y con un ministerio clásico, y Dante Gebel irrumpe con descaro y sin previo aviso en mi apacible vida.

Mis amigas del seminario mantenían la opinión que una mujer que estudia en el Instituto Bíblico debería casarse con un hombre que también este cursando allí.

—Es mucho mejor si comparten el llamado —decían con cierto aire místico.

En teoría, tenían razón, un hombre que estudia en un seminario bíblico es lógico que tiene una perceptibilidad bastante clara del futuro a la que otros ni siquiera pueden aspirar.

El tema es que Dante no solo nunca había estudiado, sino que tampoco reunía las condiciones que se suponía que debía tener para enamorarme. Sin embargo, por alguna razón desconocida había logrado intranquilizarme y quitarme el sueño.

Dante, tal como lo conocí

Aunque nos habíamos conocido de manera fugaz hacía cuatro años atrás, apenas lo recordaba. Pero ahora, no solo me decía que me amaba, sino que se dedicó a hablarle a todos los conocidos en común para que me dijeran que él sería el hombre con el que terminaría casándome.

Me envió flores, escribió cartas de amor que parecían libros de texto, y hasta me ofreció un empleo para poder costear mis estudios en el Instituto Bíblico.

—Es un buen muchacho —decía mi madre para tratar de disimular un explícito «no lo dejes escapar».

Pero algo no estaba marchando bien. Por alguna razón sentía que Dios no estaba «respetando» lo que yo tenía planificado, y sin querer, me estaba enamorando de alguien muy diferente a lo que esperaba y tenía en mente.

Seguramente, si conoces a mi esposo en la actualidad, estarás pensando que solo una necia pensaría en rechazarlo (en especial cuando sientes el vivo deseo de servir a Dios) pero Dante no era el hombre que tú conoces ahora. Permíteme que te de una pequeña descripción de mi aventurado «príncipe».

Uno de los días más felices

La primera vez que tengo memoria de haberlo notado fue cuando llegó a nuestra congregación tradicional como parte de un equipo evangelístico. Él se dedicaba a cantar los coros y dirigir las reuniones de avivamiento. Por alguna razón desconocida vestía camisas estridentes y floreadas al mejor estilo caribeño, pantalones blancos y zapatos al tono y cuando aun no se conocía nada acerca de la renovación de alabanza y adoración, él hacía saltar y bailar «de manera escandalosa» a toda la congregación.

Estaba a millas de distancia de lo que se suponía que

debía ser un joven centrado y tradicional. Por si todo fuera poco, cantaba canciones seculares a las que les había cambiado la letra para hacerlas cristianas y más pegadizas. Un tanto desgarbado, bailaba sin pudor detrás del púlpito mientras que a la mayoría parecía caerles simpático. Nunca había pasado siquiera por la acera de un seminario bíblico, pero hablaba con la espontaneidad de quien parecía saberlo todo. Sin empleo fijo, solo se dedicaba a cantar en el equipo evangelístico que lo había reclutado para tal fin.

Y para colmo de males, apenas terminó el servicio se acercó a mí y me dijo que estaba seguro en absoluto que yo sería su esposa en poco tiempo. Así de fácil, sin eufemismos ni indirectas.

—Vas a casarte conmigo —dijo con la misma naturalidad de quien pregunta la dirección de una calle.

Pude haberlo ignorado o rechazado en el primer intento, pero ambigüamente, algo me llamaba la atención. Él era libre, en el más amplio sentido de la palabra. Él hacía y decía todo lo que en algún lugar de mi alma yo ansiaba hacer. Aunque más tarde comprobaría que tenía una vida íntegra, él había logrado quitarse cualquier mínimo vestigio de religiosidad pacata de encima, y lo disfrutaba.

> **Él era libre, en el más amplio sentido de la palabra. Él hacía y decía todo lo que en algún lugar de mi alma yo ansiaba hacer.**

No tenía nada pero soñaba con todo. Ni siquiera tenía empleo pero me aseguraba que si yo aceptaba ser su novia, él conseguiría el mejor puesto en una gran empresa de un día para el otro (de hecho así fue, transformándose en el gerente de ventas más joven de la firma). No había estudiado en el seminario pero parecía no conocer limitaciones de ningún tipo; tenía una relación singular con el Señor que lo hacía diferente.

Y lo más sorprendente es que lograba hacerme enfadar dado que no estaba interesada en enamorarme de alguien tan poco «convencional». De hecho, todas mis amigas y compañeras de seminario me pronosticaron que de continuar frecuentándolo, terminaría en la peor de las ruinas.

—No tiene el llamado de Dios.

—Es un payaso, ¿notaste como se viste?

—No posee estudios teológicos.

—Ese muchacho va a arruinar tu futuro y tu ministerio.

—No es recomendable para una chica como tu.

—Es demasiado excéntrico… no se le ve normal.

—Te mereces otra cosa, alguien mucho mejor.

Afortunadamente, no las escuché y dejé que mi corazón decidiera por sí mismo. Con el pasar de las semanas, no solo estaba enamorada de los pies a la cabeza, sino que además tenía la completa y plena seguridad que Dios estaba en el asunto, aun cuando no coincidía con lo que había planificado durante gran parte de mi vida.

> **No hubo profetas ni apóstoles confirmando mi decisión. Tampoco vellones que sirvieran como señales que iba por buen camino. Ni hablar de un saludable consenso a la hora de aprobar mi noviazgo.**

No hubo profetas ni apóstoles confirmando mi decisión. Tampoco vellones que sirvieran como señales que iba por buen camino. Ni hablar de un saludable consenso a la hora de aprobar mi noviazgo. Solo la seguridad que Dios estaba planificando algo demasiado grande como para que en ese momento lograra comprenderlo en su totalidad.

A los siete meses nos casamos y a partir de ese entonces no nos detuvimos nunca. Decenas de miles de jóvenes de todas partes del mundo han oído un mensaje distinto. Cada estadio, por imponente que fuese, se vio colmado con miles de personas que han visto con asombro, lo que Dios puede hacer con gente sencilla que se pone en sus manos. En poco tiempo, Dante se convirtió en un excelente orador y en uno de los ministros más relevantes de la juventud predicándole a millones de personas en todo el mundo, a través de las cruzadas, la radio, los libros y la televisión. Hoy en día es un líder reconocido internacionalmente y con un ministerio que cada día crece a pasos agigantados, por encima de la tradición.

Sin duda, Dante Gebel es un increíble hombre de Dios y tuve la dicha de haberme casado con él. Desde aquella primera vez, nuestro amor ha ido creciendo a diario, y debo reconocer que todavía tiene esa enorme y misteriosa capacidad de sorprenderme y de quitarme el sueño. Y muchas veces pienso que ninguna mujer siente tanto amor por un hombre como el que yo siento por él. He logrado descubrir en Dante a alguien con un gran sentido del humor y una gran capacidad para soñar con cosas imposibles para lograr concretarlas en poco tiempo, siempre le digo que en estos años, jamás he podido aburrirme, cada día es una nueva aventura y eso llena de una interesante adrenalina nuestro matrimonio.

Sé que todo lo que pueda decirte sonará completamente subjetivo, proveniente de una mujer enamorada hasta los huesos, pero aun así, correré el riesgo: Dante tiene un corazón que muy pocos llegan a conocer, es capaz de darlo todo, literalmente, si eso fuese vital para servir mejor al Señor. Por si fuese poco, es un increíble esposo, camarada de la vida, amante, excelente padre y un eterno niño que le cree cualquier cosa al Señor, por difícil o ridícula que parezca. «No dejamos de soñar porque nos ponemos viejos, nos ponemos viejos porque dejamos de soñar», suele decir con la misma sonrisa franca que lo conocí. Todos los días de mi vida, agradezco haber seguido aquello que me dictaba el corazón y haber desoído a las personas y las situaciones que intentaban desanimarme.

En estos años de ministerio nos hemos topado con infinidad de personas que podrían tener mucho más de lo que han logrado. Ministerios que debieron haber estallado en el ámbito espiritual y en el tiempo perfecto de Dios, pero que pasan una eternidad encerrados en el depósito de la «espera de confirmación».

Pereza disfrazada de perfeccionismo. Temor de arriesgarse decorada con ciertos toques de «prefiero estar seguro antes de emprenderlo». Miseria donde debería haber riqueza. Talentos enterrados en lugar de multiplicación. Y siempre es el mismo común denominador: el temor envuelto de una sagrada excusa.

La Biblia dice que el hombre que mira las nubes no sembrará, y mucho menos podrá acceder a la siega. En otras palabras, se pierden millones de cosechas por aguardar el clima ideal que por lo general nunca llega.

La amas con la vida y deberías decírselo, pero esperas a tener un cómodo departamento con varios muebles y un automóvil decente antes de arriesgarte.

Deberías comenzar a predicar pero no te animas hasta tanto no cuelgues tu título teológico en la pared.

Podrías emprender ese negocio pero necesitas que un coro de ángeles aparezca en la noche y te confirmen que estás invirtiendo bien.

Tenías derecho a unas merecidas vacaciones, pero no recibiste un llamado telefónico de tu líder opinando que hacías lo correcto o no tuviste un sueño revelador que te quitara la culpa por descansar.

Pudiste haberle dicho que sí al hombre de tus sueños, pero lo dejaste ir esperando que los planetas se alinearan.

Quizá eso fue lo que más me enamoró de mi esposo. Estaba seguro de correr cualquier riesgo. No tenía nada pero estaba dispuesto a intentarlo todo. Sabía que todo estaba por hacerse, y alguien debía ser el pionero, y esa ha sido nuestra filosofía de ministerio en estos años. No puedes pasar por la vida esperando el momento ideal, a veces, simplemente hay que arriesgarse por un sueño.

El Señor no puede utilizar a personas que piden garantías antes de emprender un negocio, un ministerio o creer en un llamado. No estoy diciendo que tengas que aventurarte a casarte o que con audacia emprendas algo que quizá no sea de Dios. Hablo que por lo general, el actuar y el proceder divino disiente en totalidad de nuestros planes. Todo lo que podamos planificar suele ser diametralmente opuesto a lo que Dios tiene en mente, porque los caminos del Señor nunca coincidirán con los nuestros. Porque son diferentes, sentimos que perdemos el control y es justo allí cuando exigimos garantías. El tema es que muchos no logran hacer nada, porque esas garantías nunca terminan en llegar.

Claro que pude haberme equivocado al casarme con mi esposo.

¿Y si mis amigas de toda la vida tenían razón?

¿No debería esperar unas dos o tres prudentes reconfirmaciones?

¿No debería contar con una consensuada aprobación de los demás?

Solo sabía que cada vez que iba a orar, independientemente que estaba enamorada, el Señor me daba la tranquilidad, que solo un capitán puede darle a un marinero asustado.

—Todo está bajo control —me decía como un susurro al alma.

En realidad, era la primera vez en mi vida que conocía el significado de la verdadera paz. Esa que uno puede sentir en la peor de las tormentas o en medio de cualquier crisis. El saber que detrás de cualquier gran ola, se divisa un atisbo de la calmada orilla.

Aun cuando estábamos recién casados, muchos en la congregación me observaban con cierto desdén. Dante tenía una flamante responsabilidad en la empresa que no le permitía ni siquiera congregarse con regularidad, y eso despertaba más de un comentario.

—Al final la hija del pastor Antonio se equivocó al casarse con ese joven —decían por lo bajo. Y hasta alguien no dudó en hacérmelo notar. Mis amigas sonreían dejando entrever un irónico «te lo dijimos».

Pero en nuestras oraciones íntimas, el Señor seguía manteniendo que todo estaba bajo su control divino. Y en menos de tres años, estábamos predicándole a miles de personas y viendo como Dios era fiel en cada detalle. De un tímido programa radial, el Señor nos puso ante cincuenta mil jóvenes en uno de los estadios más grandes de nuestro país, y las invitaciones a todo el mundo no tardaron en llegar.

> **De un tímido programa radial, el Señor nos puso ante cincuenta mil jóvenes en uno de los estadios más grandes de nuestro país, y las invitaciones a todo el mundo no tardaron en llegar.**

Desde chica acaricié la idea que pastorearía una iglesia local, hasta que el Señor nos hizo conocer el reino.

Obviamente que no fue fácil, no todo lo que tuvimos que vivir con mi esposo fue un lecho de rosas, pero aun así, valió la pena escuchar a mi corazón en el momento oportuno.

Lo que sucede es que tenemos una idea del éxito que por lo general, es muy distinta a la de Dios. En muchas ocasiones hemos recitado «Encomienda a Jehová tu camino y confía en él; y él hará» (Salmo 37:5), pero no nos gusta demasiado cuando al fin él se pone a hacer. El verdadero éxito es lograr que el Señor te ponga su sello de aprobación.

El apóstol Pablo y el rey David parecieran ser los dos extremos en la escala del concepto mundano del éxito, por momentos el primero llegaba a vivir en el peor de los abismos de la pobreza, mientras que David era nada menos que un potentado rey de la Nación. Los dos tuvieron éxito, pero no aquel que la mayoría conoce como tal. De hecho, Dios ha calificado como fracasados a muchos hombres de éxito.

Solo podemos desconfiar de lo que sentimos, cuando

todo coincide con lo que planificamos en nuestra propia naturalidad, cuando parece que Dios necesita de nosotros para saber que hacer con nuestro futuro. Pero si de pronto sientes que ya no estás al control del timón de tu vida, es porque tarde o temprano llegarás a un puerto seguro. Cuando te parece que ni siquiera has podido decidir lo que harás con tus sueños, es cuando hay muchas posibilidades que al fin logres concretarlos.

Hace poco una de aquellas amigas de la juventud me envió una carta muy sincera. En ella mencionaba que ella fue una de las que había desconfiado y criticado mi decisión indeclinable de casarme con Dante, pero que con el tiempo se dio cuenta que no pude haber estado más acertada.

No hay nada mejor que cuando compruebas que el Señor esta al timón de tu vida. Lo que suceda luego, es solo una consecuencia obvia de dejarse llevar por él, aunque eso parezca insensato y escandaloso.

CAPÍTULO 4

Cazadores de sueños

Nuestro primer año de casados fue un tiempo difícil. Creo que todo lo que sucedería en la próxima década estaba gestándose durante ese lapso.

Como todo ministerio que se inicia, experimentamos victorias salpicadas con algunas derrotas, que en lugar de detenernos, nos impulsaban a nuevos niveles de unción.

Dante había conseguido un interesante puesto como vendedor en una firma que se dedicaba a importar instrumentos musicales y en menos de seis meses había ascendido como gerente de ventas de una de las sucursales en un importante *shopping* de Buenos Aires. Pero algo no estaba funcionando bien. Si bien comenzábamos a estar cómodos en lo financiero, aun no lográbamos ver como se concretarían aquellos sueños que los dos habíamos cobijado durante gran parte de nuestra juventud.

Si bien comenzábamos a estar cómodos en lo financiero, aun no lográbamos ver cómo se concretarían aquellos sueños que los dos habíamos cobijado durante gran parte de nuestra juventud.

Junto al ascenso llegó la responsabilidad y el exceso de obligaciones. Dante tenía que trabajar de lunes a lunes desde muy temprano y hasta pasadas las diez de la noche, con solo un medio día en la semana para descansar.

Debe de ser obvio, que ni siquiera podía congregarse, pero entendíamos que el trabajo no abundaba y debíamos cuidar nuestras finanzas. «Solo será por un tiempo –pensábamos– es un esfuerzo que haremos hasta que podamos armarnos una buena base económica».

Para tratar de mitigar nuestra culpa por no estar haciendo algo sustancial para el Señor, con un salario extra y algunas comisiones de venta que habíamos acumulado, decidimos invertirlo en la grabación de un disco. Aunque te cueste creerlo, hace muchos años Dante se dedicaba a cantar y hasta grabó dos producciones musicales con canciones de alabanza y adoración, que actualmente él se empeña en guardar bajo siete llaves con mucho pudor (y que por supuesto yo lo amenazo con volver a editar esos discos en cualquier momento, estoy segura que debe existir algún público al que le gustaría oírlo).

Pero lo cierto era que Dios tenía mucho más apuro que nosotros. De la noche a la mañana decidieron despedir a Dante de la firma y nos encontramos en medio de un mar de deudas y conflictos.

—Aún podemos salir de esta situación —me dijo mi esposo— sé dibujar desde que tengo uso de razón, y quizá al fin Dios quiera que ponga a trabajar mi talento.

Era más que razonable. Dante siempre fue un excelente caricaturista y vivía dibujando cada papel de la casa, incluyendo anotadores, cuadernos y cualquier superficie que soportara el grafito de su inquieto lápiz.

Así que, en plena crisis, decidió presentarse ante el Vice Presidente de las Asambleas de Dios para hacerle una propuesta. Contamos nuestras últimas reservas, y con unas pocas monedas se subió al ómnibus que lo llevaría a la zona sur de la ciudad, al mismo Seminario Bíblico en donde una vez yo había estudiado.

—Sé que usted no tiene la menor idea de quien soy —le dijo— pero necesito trabajar. Soy dibujante y también puedo arreglármelas para ser diseñador gráfico, solo necesito que me dé una oportunidad. Hace poco me casé con la hija del pastor Antonio Moyano, sé que usted ha sido su amigo por muchos años.

El mencionar a mi padre fue determinante para que el pastor Pedro Ibarra recomendara a Dante con otro de los integrantes de la Comisión, el pastor Hugo Martínez, quien en aquella época estaba planificando un programa educativo para adolescentes, donde de manera milagrosa Dante fue contratado para trabajar de inmediato.

El salario era básico pero nos permitió salir de las deudas más apremiantes. Dante comenzó a armar

Los primeros mensajes en nuestros inicios

una revista dedicada en integramente a la educación teológica a distancia para adolescentes, al mismo tiempo, ilustraba los libros de texto del programa educativo para adultos.

Aunque este nuevo empleo le permitía congregarse con regularidad, aún no lográbamos discernir el plan que Dios había diseñado y tenía en mente. Nuestro pastor no veía a Dante como alguien confiable; para él, era solo un joven que apenas asistía a la iglesia los fines de semana. De hecho, cuando el pastor Martínez le pidió referencias de su persona, mencionó que no podía recomendarlo ni se hacía responsable por lo que sucediera con él.

Así que, decidimos que cada noche de nuestras vidas, la dedicaríamos a buscar con intensidad el rostro de Dios pidiendo dirección divina. Si existía alguien que confiara en nosotros, ese sería el mismísimo Señor. Dios debía tener algo más que un simple empleo y el hecho de congregarnos de por vida.

Fueron noches enteras buscando su rostro hasta que el cansancio nos doblegaba. Orábamos en el comedor de un pequeño departamento helado que rentábamos en aquel entonces, y nos turnábamos para descansar. Estábamos seguros que tarde o temprano lograríamos que el Señor escuchara nuestra oración con detenimiento. Unos amigos nos regalaron una pequeña estufa y eso ayudó a mitigar el espantoso invierno en nuestro frío departamento.

Al poco tiempo, yo también fui contratada como secretaria en el Instituto de Educación Teológica por Extensión donde Dante ya dirigía el proyecto educativo para adolescentes, así que, llegábamos a nuestro hogar pasadas las siete de la tarde, cenábamos algo liviano, y nos disponíamos a orar hasta la madrugada, dormir unas horas (en general sobre el mismo suelo donde nos quedábamos orando) para levantarnos muy temprano al día siguiente. Aprovechábamos las casi dos horas de viaje en ómnibus que teníamos hasta el Instituto, para tratar de recuperar algo del sueño perdido.

Fueron noches enteras donde no sentíamos nada, en absoluto. No había revelación, ni visión, ni siquiera pequeñas palabras de aliento de parte del Señor, pero por alguna razón sabíamos que lo único con lo que contábamos era permanecer allí. No teníamos una segunda opción. Nadie vería algo importante ni prometedor en nosotros, a excepción del Señor.

Nos alentaba el saber que habría un momento, un instante sobrenatural, un minuto en el que Dios tendría que salir a nuestro encuentro.

Una fría noche de junio, casi no sentía mis piernas del frío y del cansancio, así que alrededor de la medianoche, le dije a mi esposo que me iría a dormir.

—Que descanses —me contestó con la cabeza entre las rodillas— yo me quedaré un poco más y en unos minutos también me iré a dormir.

Esos minutos fueron clave para lo que sucedería en unos instantes y en nuestro futuro.

A los pocos minutos una gran visión envolvió a Dante de manera que lo dejó temblando en verdad. De pronto, todo el departamento pareció iluminarse y apareció ante sus ojos un estadio repleto por completo de jóvenes con estandartes y banderas que tenían escritas leyendas que hablaban de santidad.

> **Nos alentaba el saber que habría un momento, un instante sobrenatural, un minuto en el que Dios tendría que salir a nuestro encuentro.**

—Era como si Dios me estuviera ofreciendo una función privada en pantalla gigante de lo que tenía preparado para nosotros, editado de manera magistral a ocho cámaras, pude ver a miles de jóvenes desde todos los ángulos del estadio lo que relataría Dante algunos años después en *El código del Campeón* publicado por Vida-Zondervan.

Mi esposo apareció a los pocos minutos al lado de mi cama, pálido como un papel y emocionado como un niño que acaba de abrir su juguete de Navidad.

—Sé lo que va a suceder —me dijo— Dios va a darnos un ministerio multitudinario con la juventud, acabo de ver un estadio repleto por completo de jóvenes y yo estaba allí.

Nos abrazamos arrodillados en la cama mientras que le agradecíamos al Señor por su fidelidad.

Al día siguiente, regresamos a trabajar sabiendo que Dios ya había escrito nuestro futuro. Ya no importaba esperar, o que nadie confiara en nuestros sueños, el Señor nos había mostrado que él estaba dispuesto a romper nuestras propias estructuras mentales.

Teníamos muy en claro que el Señor había decidido prestarnos los oídos de la juventud y debíamos prepararnos para ello.

No son los contactos correctos ni una recomendación lo que logrará que tu ministerio estalle. Es la oración íntima, intensa y privada la que al final logra trastocar la historia.

Siempre nos preguntamos qué hubiese sucedido de no haber orado cada noche; es muy sencillo decir: «Si Dios tiene un ministerio para mi vida, me lo dará en su momento», pero muy pocos quieren pagar el precio de ir por él.

En distintas partes del mundo me he topado con personas que me dicen que sueñan con grandes visiones. «Ahora solo estoy esperando que ocurra», me dicen como un gran hallazgo. Pero muy pocos comprenden que Dios necesita cazadores de sueños, personas que estén dispuestas a invertir sus horas de descanso, su tiempo frente al televisor, sus eternos días navegando por internet, para poder silenciar su corazón y oír con detenimiento cuales son los planes divinos.

> **A veces vemos con estupor como muchos ministerios jóvenes pretenden tomar atajos para la unción pensando que una buena campaña publicitaria puede reemplazar las horas de búsqueda de la oración.**

A veces vemos con estupor como muchos ministerios jóvenes pretenden tomar atajos para la unción pensando que una buena campaña publicitaria puede reemplazar las horas de búsqueda de la oración. Aunque estemos en el siglo veintiuno y la tecnología o la multimedia nos pasen por arriba, la oración es algo que nunca pasará de moda o dejará de ser determinante para cualquier ministerio saludable y fructífero.

El hecho de ganar un disco de platino no te dará mayor unción.

El que un reconocido líder haga una gran recomendación de tu persona no te hace más espiritual.

Que te sientes a esperar que la visión se cumpla, no adelantará los tiempos ni concretará tus sueños.

Que te cambies de iglesia por que tu pastor no te brinda apoyo, no logrará despegar tu ministerio.

Que te inviten a cantar, predicar o ministrar tampoco es una señal que Dios ha decidido usarte (detrás de varios púlpitos hemos escuchado a más audaces que escogidos).

Es la oración privada lo que marca la diferencia. Tu

Que te cambies de iglesia por que tu pastor no te brinda apoyo, no logrará despegar tu ministerio.

éxito público dependerá de manera proporcionada al tiempo que pases buscando a Dios en privado, nunca existió ni habrá otra formula que pueda reemplazar a la comunión íntima con él. Si nadie logra ver la mano de Dios en tu ministerio público, lo más probable es que no estés haciendo bien las cosas en privado.

¿Sientes que ya no quieres continuar esperando por esa visión?, importuna al Padre.

¿Estás cansado de la subestimación de tus propios líderes y quisieras que Dios en verdad haga algo sorprendente con tu vida?, apaga el televisor, de ser necesario sácalo de tu habitación o de la sala y no te levantes de tus rodillas hasta tanto sientas que él te ha escuchado.

¿No estás dispuesto a que pase otro año más sin que estés haciendo algo por lo que valga la pena vivir?, desconéctate de la internet, abandona el chat, llama a tus amistades y diles que te ausentarás por un tiempo y dedícate a provocar un encuentro con el Señor.

No escuches a los cristianos promedio que te dicen que

si tienes una buena célula de crecimiento no necesitas orar tanto. No le prestes tus oídos a los mediocres que te dirán que lo importante son las buenas intenciones y lo mucho que puedas congregarte; todos los caminos alternativos a la oración privada, no conducen a ninguna parte.

A esta altura del capítulo, ojalá estés lo suficientemente desesperado para terminar de leer, oro para que el Espíritu Santo te dé el valor de cerrar este libro, arrodillarte a los pies de la cama y disponerte a buscar a Dios con todo el alma.

Estarás a punto de comenzar la primera parte del resto de tu apasionante vida.

Puedes contar con ello, te doy mi palabra de honor.

CAPÍTULO 5

Fracasando como líderes

Cuando mi padre partió a la presencia del Señor, las Asambleas de Dios decidieron que mi madre debía hacerse cargo de las congregaciones que su esposo pastoreaba hasta entonces. Casi sin querer, mi madre demostró que tenía un claro llamado pastoral cuando se puso al frente de dos iglesias, en un país, que como gran parte de Latinoamérica, tiende a ser machista a la hora de los ministerios. No solo lo hizo muy bien, sino que las congregaciones comenzaron a experimentar un gran crecimiento numérico y aunque extrañaban a su pastor, veían en mi mamá a una mujer que logró superar su viudez y continuó la enorme tarea que su esposo había comenzado hacía varios años.

Cuando tuvimos la revelación del Señor que nos utilizaría con la juventud, le contamos la experiencia a mi madre.

Quiero destacar que aunque Dante se pasa la vida contando los inefables chistes y bromas de suegras, me consta que ama a la suya como pocas veces he visto y es recíproco por parte de mi madre, que al no haber tenido hijos varones (nosotras somos tres hermanas) adoptó a mi esposo como a un hijo más y lo mima como si fuese de su propia sangre.

—Quiero que entonces se dediquen a la juventud de la iglesia de Merlo Gómez -propuso.

Aunque nunca lo habíamos hecho, era más que un buen comienzo. Hablamos con nuestro pastor y no puso la más mínima resistencia a que nos fuéramos a trabajar con mi madre, quizá para sacarse la presión de tener al inquieto de Dante en su congregación.

Merlo es un pequeño barrio perdido en la zona oeste de Buenos Aires, pero para nosotros era la oportunidad de plasmar la visión que habíamos tenido de parte de Dios y no podíamos desaprovecharla.

Así que, varias veces a la semana, salíamos de nuestro trabajo en el Instituto Bíblico y viajamos una eternidad, de punta a punta de la ciudad, subiendo a dos ómnibus diferentes (obviamente no teníamos automóvil en aquel entonces) para poder liderar a aquellos jóvenes que no lograban ser más de una veintena.

«Queremos llegar a pastorear a cien jóvenes». En aquel momento nos parecía una cifra muy difícil de lograr humanamente, pero sabíamos que contábamos con el Señor de las multitudes a nuestro favor.

Fueron los primeros e improvisados mensajes de Dante, quien se paraba delante de un grupito de jóvenes que se reunían en un pequeñísimo local (algo similar a un garage) que daba a una calle de tierra. Como no descuidábamos nuestras oraciones privadas, ese fin de año escribimos en un papel varios de los sueños que le reclamábamos a Dios, y entre ellos anotamos algo que conservamos hasta el día de hoy: «Queremos llegar a pastorear a cien jóvenes». En aquel momento nos parecía una cifra muy difícil de lograr humanamente, pero sabíamos que contábamos con el Señor de las multitudes a nuestro favor.

Salíamos a evangelizar por las calles y a repartir folletos

evangelísticos casa por casa tratando que los veinte jóvenes se multiplicaran. Pero por alguna razón, en cada reunión teníamos más desertores.

Recuerdo que llegábamos de nuestro trabajo pasada las siete de la tarde, y los días previos a nuestra reunión de jóvenes nos quedábamos hasta pasada la madrugada armando programas y proyectos que lograran impactar a la juventud de Merlo Gómez. Si realmente teníamos un ministerio

Junto a mi madre, mis hermanas y mis niños

juvenil y la visión de un estadio lleno era cierta, teníamos que causar una revolución en esa ciudad. Pero al día siguiente asistieron solo cinco jóvenes que se diseminaron por el pequeño local, deprimidos por completo y con cierto grado de razón. Algo estaba fallando y había que ser un necio como para no darse cuenta.

¿De qué manera Dios nos pondría ante miles de jóvenes si como líderes habíamos transformado veinte en apenas cinco sobrevivientes?

Aun así, ese mismo día mi esposo los juntó en un solo banco, y les preguntó por sus metas personales.

—Quizá Dios haya permitido que los más flojos se fueran para que permanezcan los más fieles, y de ese modo, forjar un verdadero grupo de valientes, algo así como el ejército de Gedeón —les dijo estoicamente.

Pero a los pocos minutos, tres de ellos confesaron que habían caído en pecado y estuvieron a punto de no venir. Uno de ellos había reincidido en las drogas, mientras que

los otros dos habían tenido relaciones sexuales pre matrimoniales. Ahora sí, estábamos contemplando el cuadro de
la devastación absoluta.

Cierta vez escuché una popular historia que sucedió en
la mitad del siglo diecinueve. En un pequeño pueblo de
Ohio, en los Estados Unidos, alguien miró a una mujer y
sentenció:

> ¿De qué manera Dios nos pondría ante miles de jóvenes si como líderes habíamos transformado veinte en apenas cinco sobrevivientes?

—Su niño tiene un leve retraso mental que le impide adquirir los conocimientos a la par de sus compañeros de clase, debe dejar de traer su hijo a la escuela.

La mujer no le dió demasiada importancia a la frase letal de la maestra, pero se encargó de transmitirle a su hijo que no poseía ningún retraso y que Dios, en quien confiaba con fidelidad desde su juventud, no le había dado vida para avergonzarlo, sino para ser un hombre de éxito.

Poco tiempo después, este niño, con solo 12 años, fundó
un diario y se encargaba de venderlo él mismo en la estación de trenes de Nueva York. Como si fuese poco, se
dedicó a estudiar los fenómenos eléctricos y logró perfec-
cionar el teléfono, el micrófono y el megáfono, entre otros
inventos.

Sin duda, lejos de sufrir algún retraso, era un visionario.
Pero un día, llegó el primer obstáculo: su mayor proyecto
se estaba desvaneciendo ante sus ojos, había buscado sin
descanso la forma de construir un filamento capaz de
generar una luz incandescente, pero al mismo tiempo no
resistía la fuerza de la energía que lo encendía.

Luego de tres años de trabajo intenso, uno de sus colabo-
radores, un tanto desesperanzado le dijo:

—Thomas, abandona este proyecto, ya llevamos tres años y lo hemos intentado en más de dos mil formas distintas y solo hemos visto el fracaso en cada intento.

—Mira, no sé que entiendes por fracaso —respondió vehemente— pero de algo si estoy seguro, y es que en todo este tiempo aprendí que antes de pensar en dos mil fracasos he descubierto más de dos mil maneras de no hacer este filamento y eso me da la pauta que estoy encaminado.

Pocos meses después, Thomas Edison logró iluminar toda una calle utilizando la flamante luz eléctrica.

Así que, si Edison había descubierto dos mil maneras de cómo no hacer las cosas, nosotros recién íbamos por nuestro primer intento.

Seguimos tratando de liderar a nuestro grupo de «endeudados, afligidos y menesterosos» o de «materia prima para hacer valientes» hasta que al cabo de unos meses, decidimos que quizá podíamos reforzar nuestro trabajo con algún medio de comunicación; por pequeño que fuese su alcance, nos ayudaría de manera considerable.

Un testimonio de Reinard Boonke nos había desafiado. Dios lo había enviado a evangelizar a los africanos y él había comenzado a hacerlo choza por choza entre los nativos, hasta que el Espíritu Santo le dijo: «De este modo nunca lograrás llegar a tantos miles, estás jugando a las canicas». Y fue allí que se animó a rentar el estadio más grande del lugar y el primer día, solo asistieron una docena de personas, en un predio para más de cien mil; pero las sanidades fueron tan asombrosas que al día siguiente no cabía un alfiler dentro del lugar y miles quedaron afuera. Lo demás, es historia conocida, Boonke ha logrado tener a más de un millón de personas en una sola noche de cruzada.

—Si queremos una multitud de jóvenes, también debemos hacer algo más o estaremos jugando a las canicas —razonamos.

Como no contábamos con el dinero suficiente para pagar nuestro propio programa radial, fuimos a ver a un director de una radio cristiana, David Passuelo, y le rogamos que nos ofreciera algún espacio sin costo. Aunque quería ayudarnos, quizá porque notó nuestra desesperación de hacer algo por la juventud, solo tenía disponible el horario de la una de la madrugada, todos los días. Aunque era un horario marginal, lo aceptábamos, no nos costaría un solo centavo.

Así que, decidimos dividir nuestro escaso tiempo entre el empleo en el Instituto Bíblico, nuestro trabajo con la juventud en Merlo Gómez y el programa radial en vivo, cada noche. Producimos un programa al que titulamos «Línea Abierta, prohibido para mayores» y comenzamos a hacerlo con la misma dedicación que si estuviésemos en la cadena radial más grande de América. Sabíamos que, aunque nos escuchara poca gente a esa hora inusual, lograríamos afectar a más oyentes que los cinco que por aquel entonces liderábamos en Merlo Gómez.

Las críticas no se hicieron esperar. El programa estaba fuera de cualquier estructura religiosa de la época, y llovían llamadas telefónicas (que yo atendía personalmente) afirmando que Dante era el anticristo personificado, que el programa era una vergüenza, y hasta algunos estaban realizando una cadena de oración para que Dios «desenmascarara a ese desenfadado conductor». Hace poco escuchamos una de esas viejas grabaciones, y te reirías de solo pensar que aquello pudo haber sido escandaloso, comparado con lo que se escucha en la actualidad en las radios cristianas. Pero es cierto que era totalmente fuera de lo común para la iglesia de principios de los noventa.

Sumando el enorme esfuerzo de ir a la radio todas las madrugadas (teniendo que hacerlo en dos ómnibus diferentes), que en muchas ocasiones nos corrían pandillas para asaltarnos obligándonos a tomar impredecibles atajos por callejones oscuros (en Argentina se conocen como «patotas»), y las llamadas telefónicas que criticaban el programa sin piedad, el saldo no resultaba demasiado favorable. Pero siguiendo la misma línea de pensamiento de Thomas Edison, en hipótesis, este sería nuestro segundo intento por marcar la diferencia con la juventud.

Por alguna razón divina, decidimos continuar con el programa, y muchos jóvenes comenzaron a oír a aquel desconocido conductor verborrágico e hiperquinético que cada madrugada los arengaba a emprender grandes sueños para el Señor. Mientras que la mayoría de los líderes terminaron por ignorarnos, miles de adolescentes y jóvenes se sumaban a la audiencia del innovador programa.

Durante el año 1992, oímos que el Espíritu Santo estaba haciendo algo sorprendente e inusual con el ministerio del pastor Claudio Freidzon. Decidimos comprobar con nuestros propios ojos lo que Dios estaba realizando con este pastor que habíamos cruzado un par de veces en los pasillos de la emisora, ya que él tenía un programa radial una hora antes que el nuestro.

Fuimos a su iglesia en el barrio de Belgrano, Buenos Aires, y en verdad no cabía un alfiler, miles de personas se apiñaban aun en las calles laterales, pugnando por ingresar.

Por suerte, un colaborador que nos conoció de vernos en la radio, nos hizo pasar a los primeros lugares. La unción que se sentía en la atmósfera

Estuvimos durante más de dos horas adorando al Espíritu Santo, cuando notamos que el Pastor Claudio giró sobre sus propios talones y nos busco entre la multitud.

era demoledora. Estuvimos durante más de dos horas adorando al Espíritu Santo, cuando notamos que el pastor Claudio giró sobre sus propios talones y nos buscó entre la multitud. Fue como si un rayo lo hubiese disparado. Observábamos asombrados como se abría paso entre el gentío para llegar a nosotros, lo que era inusual, ya que apenas nos conocíamos y el recinto estaba atiborrado de reconocidos ministros de Argentina y el resto del mundo.

—Veo multitudes –dijo colocando su mano sobre nosotros— veo estadios repletos de jóvenes que vienen de todo el mundo. Dios te levanta como el pastor de los jóvenes —le dijo a Dante mirándolo a los ojos— veo a miles de ellos corriendo a escuchar tu mensaje.

Creo que luego de aquello nos desplomamos y perdimos la noción del tiempo.

Solo sabíamos que estábamos encaminados y que más que nunca, debíamos continuar con lo que él había puesto en nuestras manos.

Mientras escribo este capítulo, no puedo dejar de pensar que hace menos de un mes, realizamos el cierre de diez años del «Súper clásico de la juventud» en el estadio River, al que asistieron unos noventa mil jóvenes y entre otros líderes, estuvo allí el pastor Claudio Freidzon, el cual reconocemos como el pastor de nuestro ministerio. En el estadio más imponente de nuestro país, recordamos aquella palabra que él soltó sobre nosotros hace poco más de catorce años. Y aquel atípico programa radial, se convirtió en «El show de Dante Gebel» que en la actualidad se emite la cuarta temporada en la red radial hispana más grande con más de mil emisoras que lo difunden de manera semanal en más de veinte países en tres continentes, alcanzando a millones de oyentes en gran parte del mundo.

> **Sumado al programa de televisión, los libros, las cruzadas y los espectáculos evangelísticos en los teatros, nos damos cuenta todo lo que el Señor puede hacer con un puñado de pan y algunos peces.**

Sumado al programa de televisión, los libros, las cruzadas y los espectáculos evangelísticos en los teatros, nos damos cuenta todo lo que el Señor puede hacer con un puñado de pan y algunos peces.

Por eso, si cada sábado te paras ante media docena de

personas que apenas parecen escucharte; si además tienes que viajar más de dos horas y pasar noches en vela solo para sentir que tu esfuerzo pareciera que no vale la pena; si preparaste tu mejor sermón solo para darte cuenta que faltó más de la mitad de tus discípulos por la sencilla razón que estaba lloviendo; si pareciera que nadie escucha tu programa; si inclusive tienes que soportar las criticas de quienes deberían apoyarte pero te juzgan sin conocerte... entonces tienes mucho para empezar a hacer historia.

No te imaginas lo que el Señor puede hacer con tan poco.

La familia en uno de nuestros viajes

CAPÍTULO 6

Los pecados favoritos del diablo

Cuenta una antigua leyenda del siglo cuarto que unos demonios inexpertos encontraban serias dificultades para tentar a un ermitaño consagrado. Lo incitaban con toda clase de tentaciones, pero no podían seducirlo. Frustrados, los novatos volvieron a Satanás y le contaron sus apuros. De manera sorpresiva, él les respondió que habían sido muy duros con el monje.

—Enviadle un mensaje con buenas noticias —dijo Lucifer— decidle que su hermano acaba de ser nombrado Obispo de Antioquia.

Siguiendo el consejo de su jefe, los demonios volvieron obedientes y comunicaron las gratas noticias al ermitaño. En el mismo instante se hundió en unos celos profundos y malévolos.

—Envidia y celos son mis armas favoritas contra aquellos que buscan la santidad —concluyó el príncipe de las tinieblas.

La Biblia es categórica al respecto: «Cruel es la ira e impetuoso el furor, más ¿quién parará delante de la envidia?» (Proverbios 27:4)

«El corazón apacible es vida de las carnes, más la envidia, pudrimiento de huesos» (Proverbios 14:30).

Uno de los errores más grandes de los que sirven al

Señor es creer que si su ministerio ha nacido en el corazón del Señor, no producirá ningún tipo de envidia y se ganará la aprobación de todos los demás.

Después de aquella confirmación divina a través del pastor Claudio Freidzon, todo comenzó a suceder a pasos agigantados, como si el reloj de los cielos se hubiese adelantado. En forma milagrosa, se llenó el estadio Vélez, River, Boca Juniors, los estadios de cada una de las provincias argentinas, y hasta el obelisco de Buenos Aires. A medida que recibíamos decenas de llamadas o correos electrónicos con invitaciones a distintas partes del mundo, nos dábamos cuenta que nuestro círculo íntimo se reducía cada vez más.

Después de aquella confirmación divina a través del pastor Claudio Freidzon, todo comenzó a suceder a pasos agigantados, como si el reloj de los cielos se hubiese adelantado.

Cuando Dios se empeña en usarte, vas a notar que es muy difícil compartir tus sueños con la mayoría.

«Ahí viene el soñador», decían los propios hermanos de José al verlo llegar; es que la túnica de colores siempre remueve los más bajos instintos, y tú no tienes porqué ser la excepción a la regla general. A medida que Dios te vaya subiendo a nuevos niveles, habrá muchos que intentarán arrojarte a una cisterna, y es por ello, que debes preservar tu corazón, ya que algún día deberás abrir los graneros de la bendición para que aquellos que te criticaron, puedan recibir de lo mucho que el Señor te ha provisto.

Los seres humanos somos muy especiales en nuestras relaciones personales. Solemos ver una fotografía de alguien conocido o solo lo vemos por televisión y tratamos de llenar los espacios vacíos y aquello que desconocemos con nuestra propia imaginación.

—Seguramente es un petulante.

—Debe ser un orgulloso insoportable.

—Para mí que no quiere a su esposo y solo piensa en ella.

—No tiene un llamado genuino, todo lo que hace es para hacerse notar.

Y luego tomamos esas especulaciones como si fuesen la verdad absoluta.

La próxima vez que nos encontremos con alguien de confianza y salga el tema de esa persona, le antepondremos la frase «me dijeron» para que nuestra rotulación tenga más peso.

—Me dijeron que es un soberbio.

Y quien nos escucha lo repetirá con la misma certeza que si alguien hubiese sorprendido a esa persona en el mismo pecado explícito.

Todos hemos caído alguna vez en el gravísimo error de catalogar a alguien sin conocerlo, solo que disfrazamos la critica con un reverente y religioso «no comparto» o «solo tengo celos santos por la obra de Dios», como si alguien nos hubiese habilitado para ser los implacables jueces de las motivaciones ajenas.

Pero nadie que tenga una alta exposición y decida caminar sobre las aguas, puede evitar las críticas absurdas de los que miran con comodidad desde la barca. En ocasiones, leemos algunas cosas que escriben sobre Dante que literalmente nos hacen reír a carcajadas. Hace poco leíamos un foro en internet donde varias personas discutían si mi esposo era preterista o arminiano. Algunos opinaban que era un falso profeta y otros lo defendían a ultranza, enojándose con el resto.

Pero nadie que tenga una alta exposición y decida caminar sobre las aguas, puede evitar las críticas absurdas de los que miran con comodidad desde la barca.

—Me dijeron que es católico carismático —decía alguien de Puerto Rico.

—No. Estoy seguro que predica que Cristo ya vino por segunda vez— decía otro más descabellado que el anterior.

A nosotros solo nos restaba reírnos.

El querido Omar Cabrera solía decirnos que si estábamos adelantados diez años éramos pioneros, pero si nos adelantábamos quince, eso nos transformaba en mártires.

«Mírenme a mi», nos decía poco antes de partir con el Señor, «recién ahora me están reconociendo, pero por muchos años me han criticado con mucha dureza, diciendo que yo era medio católico o ecuménico por el simple hecho de predicar con un cuello clerical. ¿No les parece realmente cómico? Los que son llamados a ser punta de lanza siempre tendrán a favor de estar en la vanguardia, pero también se llevarán todas las críticas de los que vienen detrás».

Reconocimiento de las Naciones Unidas
como Embajador del Evangelio

Hace poco, cuando terminamos la cruzada en el estadio de River Plate y aun cuando los datos oficiales afirman que asistieron un promedio de noventa mil personas y todos comprobaron que el lugar estaba atiborrado, algún periodista cristiano que trabaja de «ácido» se puso a contar las butacas vacías de cierto sector de prensa para tratar de instalar la polémica que «quizá no estuvo tan lleno». Y todavía existen personas que cuestionan si en el escenario había carteles con el nombre de «Jesucristo», como si el simple hecho de tenerlos haría más cristocéntricos a los organizadores.

Un predicador que ya partió con el Señor solía decir que

las mentes pequeñas solo pueden invertir su tiempo en hablar de lo que hacen las mentes brillantes, y creo que su apreciación no pudo haber estado más acertada. Por suerte, cada vez son casos más aislados.

Siempre que dialogamos con líderes jóvenes suelen coincidir en un común denominador: «Las críticas despiadadas a cualquier emprendimiento que quieran realizar». Hace unos meses recibimos un correo electrónico escrito por un muchacho que intentaba invertir su dinero y su esfuerzo en realizar un evento mancomunado para jóvenes, pero aun cuando contaba con el apoyo incondicional de su pastor local, una gran mayoría del liderazgo de su ciudad le hacia la tarea imposible. Eso no era lo grave, sino que había tomado esa oposición como una clara señal que Dios no estaba en el asunto.

Quiero que comprendas que las personas estarán a tu lado siempre y cuando no muevas las marcas del promedio general. En realidad, no son los líderes que Dios levanta los que cambian de actitud, sino la gente que los rodea, o aquellos que lo vieron crecer los que comienzan a mirar las cosas de un modo diferente.

—Es el hijo del carpintero —decían de Jesús en un claro intento de subestimación.

—¿Puede salir algo bueno de Jerusalén? —se preguntaban incrédulos.

Y la historia no ha cambiado desde ese entonces.

En estos años hemos conocido a muchísima gente que parecían estar cerca de nosotros pero que por alguna razón, se alejaron por si solos. De la noche a la mañana, la relación se cortaba por completo, incluyendo a algunas compañeras de la adolescencia que opinaban: «Liliana ya no es la misma, ahora debe ser una orgullosa», y sin darme el beneficio de la duda, daban por terminada una amistad de muchos años.

—Con cada nueva cruzada perderemos la relación con alguien —solía decir mi esposo.

Y en efectivo, así ocurría. Gente que se enojaba por no

Gente que se enojaba por no tener un lugar preferencial en el estadio, otros que se molestaban porque Dante no los nombraba, «Si yo lo conozco desde que era un flaquito insignificante y no tenía nada» decían.

tener un lugar preferencial en el estadio, otros que se molestaban porque Dante no los nombraba: «Si yo lo conozco desde que era un flaquito insignificante y no tenía nada» decían. Y algunos otros que solo se indignaban porque opinaban que «Cualquiera llena un estadio, yo también podría hacerlo si quisiera, pero no me interesa».

Hemos conocido a personas que nos llamaban por teléfono y se molestaban de manera terrible porque Dante estaba de viaje y no los podía atender. Y cuando alguien intentaba tomar el recado, decían que no estaban dispuestos a hablar con ningún secretario: «Solo dile a Dante que recuerde cuando él no era nadie» y colgaban molestos.

Otros sencillamente se ofendían de por vida, porque nuestra agenda estaba completa y no podíamos darle una fecha para ir a predicar.

Como esposas, somos muy sensibles y estamos muy expuestas a estas situaciones por lo que tenemos que cuidar demasiado nuestro corazón para no dolernos y afectar el ministerio. Muchas veces, sentía la impotencia de querer tomar el teléfono o contestar algunas cartas yo misma, pero trataba de preservar mi corazón y el de mi esposo.

Cierta vez, Dante había agendado una fecha para predicar en el aniversario de una iglesia local. Pero esa mañana amaneció con una fiebre atroz, sumado a una intensa descompostura que no le permitía mantenerse en pie.

A medida que se acercaba la hora del servicio, seguía empeorando. Mientras mi esposo deliraba por una fiebre que se negaba a bajar, decidí llamar por teléfono al anfitrión de esa noche.

—No me importa si está enfermo, yo tengo todo anunciado –me dijo- que se levante de la cama en el Nombre de Jesús y que venga igual. ¿Qué le digo a la gente?

—Pruebe de decirles la verdad, dígales que está enfermo y que oren por él.

Pero no quiso oír razones y se molestó bastante, colgando el teléfono.

Aunque Dante le restaba importancia a estos incidentes, reconozco con total sinceridad que yo tuve que llevar estas eventualidades a los pies de la cruz para al fin lograr sobreponerme a esas situaciones dolorosas.

Como esposas, somos muy sensibles y estamos muy expuestas a estas situaciones por lo que tenemos que cuidar demasiado nuestro corazón para no dolernos y afectar el ministerio.

Hasta en una ocasión, un ministro se reunió con un bufete de abogados para considerar una demanda judicial en contra de Dante y nuestro ministerio, porque no había podido asistir a su congreso. Increíble, pero tan real como el libro que tienes en tus manos.

La esposa y los hijos son los que muchas veces soportan la ingratitud de una congregación que por momentos se torna insensible. Son las esposas las que se percatan, con ese bendito don llamado «sexto sentido» de las traiciones ministeriales y el rechazo gratuito de algunos consiervos.

Pero debemos comprender que siempre que Dios pone la mano sobre alguien, va a producir ciertos escozores que no querías conocer, pero que están allí, y solo salen a la superficie cuando el Señor continúa indeclinablemente con el plan delineado para tu vida.

El genial Maxwell lo resume de un modo muy particular:

«Cuando quieras emprender algo, habrá un montón de gente que te dirá que no lo hagas, cuando vean que no te pueden detener, te dirán como lo tienes que hacer, y cuando finalmente lo logres, dirán que siempre han creído en ti». Como ves, no eres la única persona que tiene que soportar los celos de los demás.

Con mi esposo siempre recordamos a David y lo imaginamos intentando cantar y tocar canciones para el controvertido rey Saúl, mientras que este trata de matarlo a lanzazos. A cualquiera de nosotros que nos sucediera algo similar, el primer intento de asesinato sería suficiente razón como para abandonarlo todo.

«Convengamos que estás loco, Saúl. Es obvio que no estás en tu juicio cabal, yo vine con mi mejor buena disposición a espantarte los espíritus inmundos con mi arpa, y tú intentas matarme. Lo siento, hasta aquí llegue. Un lanzazo no era la paga que esperaba por hacerte este enorme favor».

Pero lejos de eso, siguió tocando, mientras esquivaba los lanzazos de un monarca celoso.

Lo mismo hizo José con sus hermanos, pudo haberse vengado y haberles dicho todo aquello por lo que esperó por años, pero abrió los graneros y les dió de comer. La Biblia tiene cientos de ejemplos de personas que removieron la envidia de los que observaban desde el cómodo sillón de la mediocridad.

Por fortuna, Dios es fiel y también sabe rodearte de gente espiritual, personas que se alegran cada vez que obtienes una nueva victoria en el Señor y son las que te alientan a continuar entonando salmos, mientras alguien arroja lanzazos. Una de ellas, alguna vez, nos contó una pequeña pero fantástica historia:

Dicen que era un piloto experimentado. Horas de vuelo en su haber. Pero que nunca le había sucedido una experiencia semejante.

Sobrevolaba el océano con su avioneta a hélice cuando lo sorprendió un ruido extraño debajo del asiento. Una inmensa rata correteaba entre sus pies. Fueron los minutos más patéticos de su carrera como piloto aéreo. Un sudor frío recorrió su espalda mientras buscaba con desespero un lugar donde aterrizar de emergencia, detalle bastante difícil si tenemos en cuenta que volaba sobre el mar.

Y fue entonces que se le ocurrió un plan alternativo.

En vez de buscar un sitio para aterrizar, decidió levantar más altura. Se elevó por encima de lo que jamás había volado, y la rata, que no soportó la presurización, murió en el acto.

Siempre que sientas a los roedores, sube más alto, ellos nos soportaran la altura.

Un reconocimiento a tanto esfuerzo

Nunca olvides esta pequeña anécdota cada vez que la envidia y los celos intenten arrojarte lanzazos o tus propios hermanos quieran olvidarte en una oscura cisterna, pero en esencia recuérdala cuando tengas que abrir los graneros.

CAPÍTULO 7

Historia de tres visionarios

Los tres muchachos amaban a Dios y soñaban con un gran ministerio que conmoviera a las naciones. Se conocieron en el aula del seminario bíblico, aunque la verdadera camaradería se gestó durante una aburrida clase de hebreo. Solo bastó cruzar algunas socarronas sonrisas mientras el profesor intentaba hilvanar la clase, para que se hicieran cómplices por el resto de sus vidas. Es que ellos necesitaban algo más que teoría dictada desde un aula o simples clases de manual, eran parte de esa generación sedienta del servicio práctico.

Sebastián era el hijo de un potentado empresario cristiano. De hecho, había causado más de un rumor malicioso cuando por primera vez lo vieron llegar al seminario en su propio automóvil. Él trató de restarle importancia al asunto, aludiendo que solo era un regalo de cumpleaños de su padre. Pero el dinero no era una excusa para subestimar su deseo de servir al Señor, la prueba era que podría ocupar un cargo importante en la empresa de su padre, sin embargo eligió capacitarse para servir en el reino. De los tres, era el único que no tenía ningún tipo de presión económica. Pagar la cuota del seminario, que podía ser un infierno para el resto, era un simple tramite para Sebastián.

Mientras que cada principio de mes, algunos pasaban noches enteras pidiendo la provisión de Dios y otros realizaban trabajos temporarios que nunca eran bien pagos, él parecía tener la situación bajo control.

Mientras que cada principio de mes algunos pasaban noches enteras pidiendo la provisión de Dios y otros realizaban trabajos temporarios que nunca eran bien pagos, él parecía tener la situación bajo control.

—Se me esta acabando el crédito, tengo que llamar a mi padre —decía como toda solución. Y vaya que le resultaba. Su padre se aseguraba que no le faltara nada. Un simple y envidiable llamada telefónica lo liberaba de cualquier presión.

—Es que mi padre quiere que me dedique solo a estudiar— se excusaba ante sus compañeros. Pero de igual modo, nadie ponía en tela de juicio su llamado ministerial, el hecho de vivir sin apremios financieros hasta le daba una considerable ventaja respecto a los demás.

Oscar, sin embargo, provenía de una familia más austera, pero tenía algo a favor: cuando egresara del seminario, se convertiría en la tercera generación de predicadores. Su abuelo había sido un conocido misionero que había fundado medio centenar de iglesias en todo el país. Y su padre era un reconocido pastor y evangelista con un ministerio considerable. Así que, era obvio que Oscar era el que menos inconvenientes tenía al pensar dónde desarrollaría su futuro ministerio. Era lógico que tarde o temprano heredaría la congregación de su padre.

Y Enrique era el caso más particular de todos. Además de ser el único casado, era un conocido líder de jóvenes y había desarrollado su propio ministerio juvenil.

Organizador de varios conciertos y campamentos cristianos, y elegido Vice Presidente Nacional de la Juventud de su denominación por segunda vez consecutiva, había decidido interrumpir su liderazgo por un par de semestres, porque sintió la necesidad de capacitarse con mayor excelencia. De los tres, era el que parecía tener más resuelto el tema de lo que le aguardaba por delante.

—Es que comenzaron a llegarme invitaciones para predicar en varios congresos de América latina —relató— y siento que es necesario hacer una prudente pausa en mi ministerio para acceder a una mejor preparación.

Pero fue en una vigilia en la capilla y en derredor del pábilo de un sol de noche, que coincidieron en los sueños y también en el incidente que marcaría el resto de sus vidas para siempre. Aunque los tres querían servir a Dios, compartían una misma visión: impactar el país con algo grande, algo revolucionario en manera escandalosa.

—Yo siento que llegué a un techo —inició Enrique la conversación— lideró a la juventud, organicé eventos, pero siento que tengo que hacer algo más. No sé... quisiera hacer algo grande, mancomunado, algo que marque la historia de verdad. Tengo ganas de generar algo que en realidad sea importante para Dios.

-Un estadio —interrumpió Oscar— un estadio repleto de gente que se agolpa por oírme predicar. Cada vez que cierro los ojos veo multitudes, es como un sueño recurrente, algo que se repite desde que era chico.

—Un estadio —interrumpió Oscar— un estadio repleto de gente que se agolpa por oírme predicar. Cada vez que cierro los ojos veo multitudes, es como un sueño recurrente, algo que se repite desde que era chico. Por eso, más que a prepararme, vine a buscar dirección divina, siento que estoy a punto de que se cumpla. No quiero morirme pastoreando una iglesia de barrio... no digo que esté mal (aclaró rápido ante la mirada de sus compañeros) pero en mi caso personal, no creo que haya nacido para eso.

—A mi me pasa algo similar —interrumpió Sebastián—

Junto a mi esposo, en la actualidad

quiero hacer algo que afecte a las almas de verdad. Me pasa lo mismo que a ustedes, quiero subir a un nuevo nivel, necesito hacer otra cosa. Pienso que el evangelio es mucho más que congregarse y predicar algún domingo de vez en cuando.

Los tres quedaron en silencio como tratando de buscar alguna respuesta que los conformara, alguna palabra que los alentara. Enrique hojeaba la Biblia con nervios mientras buscaba algún versículo, un pasaje que sirviera de brújula, cuando la puerta de la capilla chirrió sigilosamente.

—Es el preceptor —pensaron, pero se tranquilizaron de inmediato al recordar que habían solicitado permiso para orar toda la noche.

La figura se recortó en la puerta mientras los tres muchachos observaban en silencio.

—¿Si? —dijo Oscar algo molesto por la inoportuna interrupción.

—Estoy buscando gente que quiera seguirme —dijo el visitante.

El hombre, bastante alto y de buen porte se quedó entre las sombras del atrio de la capilla, aun así se podía divisar que vestía un impecable saco gris, pantalones negros y zapatos al tono.

—¿Seguirlo a dónde? En primer lugar, ¿podemos saber quién es usted? O, ¿a quién busca exactamente? —preguntó

Sebastián con un tono imperativo, acostumbrado a tratar con los empleados de su padre.

—Soy aquel que ustedes dicen servir. Y como dije, estoy buscando gente que quiera seguirme —respondió.

Para ser una visión era demasiado real y si se trataba de una broma, era bastante inoportuna. El hombre se acercó a la frágil luz del sol de noche y dejó ver su rostro. Aunque ninguno de los tres lo habían visto antes, algo familiar los conmovió hasta las lágrimas. Ver a este hombre era mucho más de lo que pudieron haber imaginado todas sus vidas. Supusieron que quizá era el merecido regalo por haber organizado la vigilia en lugar de dormir plácidamente.

Los jóvenes no podían gesticular palabra y solo se buscaban con la mirada como queriendo comprobar que los demás también lo estaban viendo.

—Yo puedo seguirte —dijo Sebastián incorporándose del suelo— de hecho, hace un minuto estábamos hablando de eso, que tenía que haber algo más en esto de servir a Dios. Yo te seguiré donde sea y como sea, soy un siervo incondicional, lo que sea, y donde sea –insistió mientras intentaba acercarse.

El visitante le hizo un gesto para que se detuviera.

—Bien, Sebastián, me gusta tu estilo. Solo que hay algunos detalles que deberías saber antes de seguirme.

—¿Bromeas? Si eres quien yo creo que eres, no hay detalles que puedan hacer re considerar mi decisión. Te he dicho que puedes contar conmigo.

—Bueno, es que quizás quieras saber que las zorras tienen sus cuevas y los pájaros sus nidos, pero el hijo del

-Empezar de nuevo, de abajo, de eso te estoy hablando –continuó el hombre- de no tener a nadie a quien llamar, ni a quien acudir, a excepción de mí. A eso me refiero con «no tener dónde recostar la cabeza».

hombre no tiene donde recostar su...

—Espera, espera, no continúes, conozco la historia de memoria. Yo no tengo inconvenientes sobre dónde ir a dormir... de hecho deberías conocer las camas del Instituto Bíblico —bromeó Esteban.

—No estoy hablando de colchones y almohadas. Hablo que vas a tener que renunciar a cualquier situación de comodidad, y eso incluye las llamadas telefónicas a tu padre. Te propongo servirme sin la garantía de la tarjeta de crédito de papá o el dinero ahorrado en el banco. Hablo de sembrarlo todo, incluyendo tu bienestar familiar y anímico.

El rostro de Sebastián comenzó a empalidecer.

—Empezar de nuevo, de abajo, de eso te estoy hablando —continuó el hombre— de no tener a nadie a quien llamar, ni a quien acudir, a excepción de mí. A eso me refiero con «no tener donde recostar la cabeza». Nadie en quien apoyarte en los momentos críticos.

Sebastián inclinó su rostro con amargura y volvió a sentarse, mientras que simulaba jugar con un señalador de la Biblia en el frío suelo de la capilla, como si de pronto quisiera intentar quitarle importancia a la charla.

—Yo soy el indicado —interrumpió Oscar— de hecho, tú me conoces, el dinero no tiene importancia para mí, solo quiero servirte, aun como tú dices, a riesgo de mi bienestar personal.

—Bien Oscar, aprecio tu audacia. No hay nada más que hablar entonces, prepara la maleta y sígueme.

—¿Ahora? ¿Ya?

—¿Que esperabas? ¿Una ceremonia de despedida?

—No... sucede que tendría que hablar con mi padre primero, es decir, él me prometió que me haría cargo de la iglesia, él tiene una membresía considerable y... me gustaría enterrar primero a mi padre, ¿me entiendes?

—¿Tu padre está muerto?

—¡Oh no!, me refiero que me gustaría estar a su lado cuando él envejezca, vivir cerca de él sus últimos años, sepultarlo, y luego cuando herede la iglesia ya tendré una buena base como para seguirte… necesito algo de tiempo, ¿me comprendes?

—Creo que no, creía que conocías la frase «deja que los muertos entierren a sus muertos»

—Sí, sí, obviamente, pero empezar así de la nada… siendo tercera generación de predicadores, teniendo una iglesia que me vió nacer… y… todas las expectativas que mi padre tenía puestas en mi…

Oscar no terminó la frase y se sentó junto a Sebastián, como tratando de buscar cierta aprobación de lo que trataba de explicar.

-¡¡No puedo creerlo!! –levantó la voz enojado Enrique– ¡Tienen ante ustedes a la persona más importante de sus vidas, y le responden que no están dis-

Junto a Dante, Kevin y Brian

puestos a sacrificar nada por seguirle! ¡Personas como ustedes avergüenzan el evangelio, no puedo creer que hayan sido mis amigos durante este tiempo! Sebastián no quiere resignar su comodidad y Oscar no quiere abandonar el ministerio familiar… perdónenme muchachos, pero ambos son realmente patéticos.

El visitante lo escuchaba con atención.

—Maestro, cuenta conmigo, y ahora mismo, si lo deseas. En el tiempo que tarde en hacer mi maleta estaré contigo. Yo he sido un buen cristiano durante toda mi vida, fui elegido por segunda vez consecutiva Líder Nacional de la Juventud, he organizado campamentos, congresos, conciertos, soy un fiel diezmador, he vivido en integridad lo más humanamente posible, hasta la fecha.... pero ¿qué hago diciéndote todo esto? Tú lo sabes todo y seguro ya me conoces a la perfección.

—Tenlo por seguro. Pero antes de hacer tu maleta, me gustaría que primero le des todo lo que posees a los que no tienen nada. Que lo repartas, de modo que no te quede nada y estés libre por completo y despojado de cualquier peso para seguirme.

—¿Bromeas? Yo no soy rico como aquel que tenía que repartir sus bienes con los pobres…

—No siempre se trata de dinero. Cada quien puede sentirse rico con lo que más ama. Me refiero a que repartas todo aquello que has logrado y que me acabas de enumerar. Todo. Tus logros, tus congresos, tu reputación, tu ministerio, quiero que regales todo eso, que lo des por perdido. Que nunca más te lleves los aplausos por nada, que toda la gloria sea mía y la fama… de cualquier otro líder que yo decida usar. Enrique, te estoy proponiendo que me sirvas desde las sombras, en hospitales, cárceles, y en cualquier sitio donde nadie se entere lo que estás haciendo, a excepción de mi, claro.

-Repártelo a los que son pobres de sueños. Dáselo a alguien y sírveme en ese mismo estadio desde algún lugar anónimo, donde nadie sepa ni siquiera lo que has hecho. Sin que te vean, sin que nunca reconozcan tu trabajo.

—Es que yo también sueño con los estadios…y las multitudes…

—Repártelo a los que son pobres de sueños. Dáselo a alguien y sírveme en ese mismo estadio desde algún lugar anónimo, donde nadie sepa ni siquiera lo que has hecho. Sin que te vean, sin que nunca reconozcan tu trabajo.

Enrique buscó las miradas de sus dos compañeros y ambos seguían mirando el suelo.

El hombre aguardó algunos instantes, y luego de un

suspiro colocó sus manos sobre el raquítico pábilo de la lámpara, como en un intento de querer calentarse las manos.

—Veo que nada ha cambiado —dijo antes de dar media vuelta y desaparecer por la misma puerta donde había entrado. El chirrido de las bisagras oxidadas fue lo último que se oyó del visitante.

Los tres jóvenes quedaron varios minutos sin hablar, o quizá fue más de media hora y no se dieron cuenta.

—¿Les parece si vamos a dormir? —preguntó Oscar para romper el silencio.

—Si, ya hemos orado suficiente por hoy, además mañana tenemos que levantarnos temprano —respondió Sebastián.

—Tenemos examen de hebreo y debemos estar bien descansados, ¿no? —agregó Enrique.

Dicen que ninguno de los tres volvió a mencionar lo ocurrido aquella noche, los tres egresaron del seminario y como una suerte de pacto de silencio, ninguno de ellos volvió a recordar esa vigilia. Todos prefirieron omitir el tema para siempre.

Pero cada tanto, y con el correr de los años, organizan una gran confraternidad para volver a compartir aquellas viejas visiones. Y aunque ya son ancianos, todos coinciden que sueñan con cosas grandes y con enormes estadios llenos de gente.

CAPÍTULO 8

¡Renunciar!

Son muchísimos los que como los tres jóvenes de la historia del capítulo anterior, quieren obtener una gran cosecha sin el sacrificio de la siembra, sin renunciar a nada. Y es cuando prefieren seguir soñando que un buen día, como por arte de magia, estarán ocupando un lugar preferencial en el reino.

Renunciar al apoyo, al bienestar personal y al reconocimiento público son las materias de la Universidad de la madurez que no pudieron rendir los tres hombres que en cierta ocasión se acercaron al Señor. Hay una gran diferencia entre crecer y madurar. Alguien dijo alguna vez que si una persona de diecinueve años se queda en la cama un año entero sin hacer nada productivo, sin duda se convertirá en una persona de veinte años, no se requiere talento ni habilidad para ello. La diferencia está en el madurar todos los días. Es en el hecho de tener que renunciar a los sueños personales donde se comprueba la madurez adquirida y da la casualidad que es también la estación donde nacen las verdaderas visiones de Dios. La gran diferencia, es que la mayoría suele estar más enamorada del éxito que de las almas.

Durante dieciséis años, y mientras mi esposo le predicaba a miles de jóvenes en todo el mundo, nosotros aun no teníamos casa propia. Nuestros parientes más allegados nos miraban como si tuviésemos una gran confusión de prioridades, ya que no lograban comprender cómo invertíamos hasta el último dólar en una cruzada y no ahorrábamos para comprarnos una casa o algo que dejarle como herencia a nuestros hijos.

Cuando terminamos una enorme cruzada en el estadio River, en 1997, regresamos a un pequeño departamento que rentábamos en ese entonces. A los ojos naturales de cualquier cristiano promedio, parecía que algo funcionaba mal. En especial, para aquellos predicadores que enseñan que si alguien tiene un ministerio exitoso, también tiene que ser rico en su vida personal. Sin embargo, nosotros sentíamos que teníamos que invertirlo todo.

Y si eres mujer, sabes lo que una sufre en estos casos, con más razón cuando tienes hijos y la presión de tus familiares que te aconsejan que debieras asegurarte un futuro lo más rápido que puedas.

La gente que no nos conoce en intimidad, siempre ha pensado que somos muy ricos o que el dinero es algo que nos sobra. Cada «Súper clásico de la juventud» demanda una inversión millonaria, y no levantamos ofrendas y tampoco cobramos un ticket de ingreso. En todos estos años, Dios se las ha arreglado para solventar hasta el último centavo, y el subconsciente colectivo es: «Si invierten todo eso cada vez, no es difícil imaginar el dinero que tendrán en sus cuentas personales», quizá por la misma razón que muchos suponen que quien invierte en el reino es porque le sobra el dinero o no corre riesgos personales.

En más de una ocasión hemos tenido que sembrar nuestro automóvil para pagar alguna deuda contraída por alguna visión, y hemos tenido que empezar de abajo una y otra vez. Aun así, Dante se paraba detrás de un púlpito, y aunque estábamos tapados de deudas, el solía mantener: «Trabajamos para un Dios que paga bien, él está informado y sabe cuánto cuesta la visión que nos encomendó».

Durante mucho tiempo, en cualquier parte del mundo,

cualquier habitación de hotel en donde nos hospedaban, era más grande que toda nuestra casa, cualquier lugar donde dormíamos como huéspedes era mucho más confortable que el departamento que vivíamos en ese momento.

Como nuestras cruzadas en los diferentes estadios las realizábamos cada diciembre, decidimos renunciar a tener vacaciones familiares (que por lo general en Argentina se toman en enero y febrero) y dedicábamos ese tiempo en tratar de juntar el dinero para pagar las deudas que ocasionaban cada nuevo emprendimiento.

—Deberían pensar un poco más en ustedes —nos aconsejaban quienes nos amaban.

Pero íbamos ante el Señor y una vez más nos repetía que sigamos creyendo en él, y él se ocuparía de nuestro futuro y el de nuestros hijos.

Cuando decides seguir al Señor nunca logras el apoyo logístico de la mayoría. No abunda la gente a quien puedas pedirle ayuda. Los famosos «te lo dije», están a la orden del día, cuando necesitas algún consejo de cómo salir del problema.

> **Los famosos «te lo dije», están a la orden del día, cuando necesitas algún consejo de cómo salir del problema.**

Recuerdo estar pagando cifras astronómicas en la renta de un estadio, sumado al sonido, el escenario y todo lo que demanda una cruzada, mientras nuestros impuestos personales impagos se amontonaban en un armario.

¿Se trataba de alguna injusticia de Dios?

¿Él no sabía que nosotros también necesitábamos pagar nuestras cuentas?

Por un momento pensábamos que Dios se llevaba la Gloria y nos abandonaba con las deudas, como si algo no funcionara de manera correcta en esta sociedad.

Cada vez que hemos querido aferrarnos a algo material, me viene a la mente la historia de Jacob luchando con el ángel en Peniel. Esaú se le acerca con cuatrocientos hombres, detrás tiene el cerro de Mizpa, a los costados bandas de ladrones y cuando al final parece que se percata que no tiene salida, se pone a orar, pero aun así, está ideando su propia coartada. Debería dejarlo todo y esperar la liberación divina, pero no permite que Dios desarrolle su propio plan.

—Está bien —oramos— confiaré en ti Señor, pero si no te importa me gustaría ocuparme de mi propio futuro y el de mis hijos. Tú hazte cargo del ministerio pero déjame las cosas personales a mí, no podré servirte tranquilo si no tengo mi propia casa y un futuro para mis hijos.

En ocasiones somos muy similares a Jacob, Dios tiene que terminar quebrando nuestra autosuficiencia para lograr desprendernos de aquello a lo que estamos aferrados. Todos, de alguna manera, estamos dotados de esa fuerza que prevalece contra Dios y sus planes. Es entonces cuando Dios tiene que tocar aquello que nos hace «fuertes» para oponernos a Dios; cuando finalmente te percatas que no tienes nada a que aferrarte y nada más para perder, solo te queda ceder, renunciar y rendirte.

> **Es entonces cuando Dios tiene que tocar aquello que nos hace «fuertes» para oponernos a Dios; cuando finalmente te percatas que no tienes nada a que aferrarte y nada más para perder, solo te queda ceder, renunciar y rendirte.**

Hubo un momento donde Jacob ya no luchaba, sino que se asió del ángel. Solo hubo rendición, y es allí, cuando un simple usurpador se transformó en un Príncipe con Dios.

En nuestros inicios también nos costó comprender que estábamos sembrando en lo eterno y en algo mucho más importante que los bienes personales, como hizo con Jacob, Él también quería desarrollar a nuestro Israel paralizado.

En ocasiones se nos acercaban empresarios muy acaudalados y nos preguntaban si teníamos alguna necesidad apremiante. En algún rincón del corazón hubiésemos querido decirle que queríamos comprarnos una casa, un mejor automóvil o alguna otra comodidad, pero terminábamos pidiéndole que nos ayude con una nueva visión para alcanzar a la juventud.

Pero no es solo el renunciar al buen pasar o al apoyo de los demás lo que te hace madurar. En ocasiones, también hay que negarse al reconocimiento público, como estoy segura que es el caso de cientos de mujeres que trabajan y se esfuerzan en la intimidad y nunca reciben la gratitud pública.

Conozco una decena de siervas del Señor que mientras que su esposo predica sobre un escenario, ellas pelean la batalla de la oración en alguna habitación oscura. O que deben quedarse cuidando los niños, mientras que su marido viaja por el mundo, afectando la vida de miles de personas.

> **Conozco una decena de siervas del Señor que mientras que su esposo predica sobre un escenario, ellas pelean la batalla de la oración en alguna habitación oscura.**

Dante siempre dice que no le agrada el tener que viajar, y me consta la manera en que lo sufre. Llegan cordiales invitaciones a las que se resiste a darles una respuesta, porque sabe que tarde o temprano, llegará el día en que deberá subirse a un avión, despedirse de mí y los niños, para al fin tener que partir. Y siempre es la misma escena: Brian y Kevin abrazan a su papá lo más fuerte que pueden, recordándole que les traiga algún regalo, para luego quedarnos un instante a solas en la puerta de casa y tener diálogos más o menos similares a este:

—Solo serán tres días —digo con la voz entrecortada.

—Casi cuatro con el viaje —responde mi verborrágico

esposo que en general suele estar taciturno y callado en esos momentos.

—Bueno, pero no contemos el lunes, ese día ya estarás volviendo.

—Pero estaré encima del avión —responde resignado.

—Pero a nosotros nos alentará saber que ya estás regresando.

—¿Y si llamo y suspendo?

—Sabes que no puedes hacer eso… Dios planificó que viajes.

—Lo sé, Liliana, solo era una broma —dice con una sonrisa forzada.

En el escenario del estadio River

—Ustedes estarán bien, ¿verdad?

—Por supuesto, aunque te extrañaremos.

—También yo… pero no me digas que no sería fascinante que ahora llegue al aeropuerto y me avisen que se canceló el vuelo por mal tiempo.

Parece un dialogo cómico, pero es así como lo vivimos, sabiendo que estamos renunciando a cumpleaños en familia, graduaciones o entrega de diplomas de los niños, días de la madre o del padre, o aniversario de bodas. No quiero que interpretes que no valoramos el hecho de predicar o la providencia del Señor de poder ministrar en distintos países del mundo. Más tarde, como siempre, mi esposo me llamará por teléfono y me dirá:

—Fue bueno venir aquí, la gente fue bendecida, realmente Dios estuvo otra vez conmigo esta noche otra. Valió la pena el esfuerzo.

Y claro que lo vale, pero renunciar es la clave de la obediencia y la madurez. Si eres madre, también tendrás que pasar por la etapa de cuidar a tus pequeños, ese lapso en que piensas que no estás haciendo algo realmente útil con tu vida espiritual y ministerial. Lo que no sospechas es que estás renunciando para ganar. Perdiéndote viajes con tu esposo para dedicarle todo de ti a los mejores y más fértiles años de tus niños, esa etapa que ellos recordarán toda su vida que su mamá estuvo con ellos.

No importa si alguna otra mujer «realizada» te mira con desdén, que no te importe si alguien te observa como «la que cría hijos» en forma despectiva. Tu estás invirtiendo en un futuro, estás sembrando en la vida de quienes pueden afectar a miles en su generación.

¿Estás preocupado porque piensas que Dios te usará y luego se olvidará de tus deseos personales?

¿Realmente has considerado que a él no le importan tus deudas personales?

¿En serio has pensado siquiera que a él no le preocupa que aún no tengas una casa?

¿Crees que él no sabe que no puedes pagar un plan médico para tu familia y dejará la salud de tus hijos librada al azar?

Con el correr de los años hemos visto como la fidelidad de Dios es inclusive más real de lo que predicamos como una simple frase hecha o repetimos en un sermón. Él está en los detalles más pequeños, aun en aquellos que parecieran demasiados triviales y naturales como para incluirlos en nuestras oraciones.

Desde hace un buen tiempo, el Señor comenzó a prosperarnos de una manera acelerada, y de la noche a la mañana, él nos demostró que en los asuntos divinos, siempre vale la pena renunciar para ganar.

Desde hace un buen tiempo, el Señor comenzó a prosperarnos de una manera acelerada, y de la noche a la mañana, él nos demostró que en los asuntos divinos, siempre vale la pena renunciar para ganar.

Dios nos ha dado una casa más hermosa de la que jamás soñamos y satisfizo cada uno de nuestros sueños personales más anhelados. Nos regaló una creciente productora multimedia con un excelente equipo de trabajo y hasta un canal de televisión. El secreto es saber que hay una etapa en el que te pedirá que lo des todo, sin garantías, sin poder siquiera ver el horizonte. Solo te dirá que armes la maleta y lo sigas, sin preguntar nada, sin depender de tu autosuficiencia. Ya sea que tengas que cuidar a los niños en el aparente anonimato, amontonar tus cuentas personales o suspirar por unas merecidas vacaciones mil veces postergadas.

«Cuesta treinta años hacer lograr un éxito de la noche a la mañana», le respondió hace poco el respetado Luis Palau a un periodista inquisidor. Y creo que es lo más honesto que he escuchado en mucho tiempo.

Tú decides, o armas la maleta por aquel a quien dices servir, o lo dejas ir, para reunirte en unos años con otros cobardes y seguir hablando de aquellos grandes sueños que nunca se realizarán.

CAPÍTULO 9

Pero, ¿qué hace esa mujer?

—Hermano Dante, quisiéramos invitarlo a predicar a nuestro país. Sabemos lo que Dios esta haciendo con su ministerio y sería un enorme privilegio contar con usted para una cruzada en nuestro estadio Nacional.

—Bien, para mí también será un honor poder predicar allí, solo que primero deberíamos tener en cuenta algunos detalles logísticos.

—Oh, ya hemos pensado en todo eso. Nuestro ministerio le costeará su pasaje aéreo, su estadía en el hotel y hasta consideramos una ofrenda.

—Me refería a que debería viajar con mi esposa.

—¿Su esposa? pues… no habíamos pensado en eso… bueno, tal vez… pero ella, ¿qué hace exactamente?

Fue la primera vez que escuché esa pregunta en boca de un ministro y la seguiría escuchando por muchísimo tiempo más: «Y su esposa ¿qué hace?», en otras palabras «Deme una sola razón por la que debamos pensar que ella es útil para algo» o siendo aun más directo: «Díganos por qué deberíamos desperdiciar un pasaje adicional en ella».

Siempre me ha sorprendido el marcado y extremado machismo que existe en nuestras iglesias. Aun cuando la esposa de un predicador presenta sus propios sermones y sus reuniones de mujeres, en ocasiones no es otra cosa que una clara delineación de territorios. Hasta hemos oído algunos ministros decir: «Tengo que darle a mi esposa su propia reunión semanal y su reunión con mujeres, para que de esa manera ella también se desarrolle». Algo así como un despectivo, «tengo que hacerle creer que también es importante y ello me quita una lógica presión de encima».

Es obvio que no estoy diciendo que la mujer tenga que ser necesariamente la encargada de criar los niños y esperar a su esposo con la comida caliente (conste que me crié escuchando a distintos hombres que predicaban grandilocuentes que el «único mandamiento conyugal: Que la mujer este sujeta a su esposo»). Lo que trato de decir es que América Latina aun no ha madurado respecto al verdadero lugar que le corresponde a cualquier mujer.

No quiero ser dogmática en este asunto dado que tampoco me siento la dueña de la verdad. Tengo un profundo respeto por aquellas mujeres que desarrollan su propio ministerio, solas o al lado de su esposo y tienen un alto nivel de exposición y también respeto a aquellas que cultivan un bajo perfil. Lo que si me cuesta comprender es cuando la mayoría tiende a generalizar, suponiendo que estas últimas no están sirviendo a Dios como debieran.

Recibo decenas de cartas de mujeres que me escriben sugiriéndome que «debo animarme a predicar» o «que arme mi propia agenda de invitaciones». Pero también recibo un centenar de cartas de mujeres que no encuentran

> **Tengo un profundo respeto por aquellas mujeres que desarrollan su propio ministerio, solas o al lado de su esposo y tienen un alto nivel de exposición y también respeto a aquellas que cultivan un bajo perfil.**

su lugar, a pesar que su esposo tiene un ministerio creciente y exitoso y ellas predican y ministran. Creo que el gran
dilema incide en la constante subestimación cultural.

A los seres humanos nos encantan los estereotipos, siempre es más fácil para el subconsciente colectivo suponer
que solo hay «una formula establecida», ya sea para lograr
más unción, multiplicar la iglesia o el lugar que debe tener
una mujer en el ministerio.

En la Argentina de finales de los setenta, comenzaron a
visitarnos conocidos evangelistas internacionales y muchos
pensábamos, aun los que éramos niños en esa época, que
no había nada más glamoroso que la vida de un carismático evangelista. Sanidades a granel, multitudes eufóricas
pugnando por ingresar a un estadio, notas con la prensa y
una muy buena orquesta completaban el ministerio ideal.
En aquel momento, cualquier pastorado local nos parecía
aburrido y tedioso. Los servicios regulares no tenían ese
«toque» de las grandes cruzadas, la música no sonaba igual
y hasta el mensaje parecía monotemático comparado con el
histriónico evangelista de turno.

¿Era el pastorado local un ministerio menor?

¿El hecho que nos visitara un popular evangelista empalidecía el arduo y anónimo trabajo de toda una vida del
pastor invertida en las almas?

Estoy segura que no. Eran nuestros estereotipos los que
subestimaban nuestra comprensión de la multiforme gracia de Dios.

He conocido a pastores que han invertido su propia
salud y el bienestar de su familia por brindarse a su congregación, sin ir más lejos, mi propio padre. Y he visto
como muchas personas abandonan la iglesia por ir detrás
de lo novedoso o lo que parece llamar más la atención que
un solidó sermón de crecimiento y mayordomía.

Lo mismo sucede con el ministerio femenino, no creo
que para Dios exista el género a la hora de utilizar a
alguien o depositar su unción sobre una persona. Somos

nosotros los que marcamos la diferencia con lo que creemos es «el trabajo en serie del Señor».

—Es que Dios trabaja de esta manera —decimos como si él no pudiera innovar o romper sus propias estructuras por estar atado a un modelo estándar.

Por consiguiente, si es esposa de pastor, tiene que predicar como él y debe poder reemplazarlo cuando él está fuera de la ciudad, porque el estereotipo de la mujer que predica con autoridad detrás del pulpito es lo que la mayoría entiende como una dama ungida que tiene claro su lugar.

¿Y si ella no quisiera predicar?

¿Y si su tarea fuera tan importante y su trabajo tan arduo que no pudiera darse el lujo de hablar en público?

¿Sería menos ungida por ello?

¿Existirían personas que se preguntarían si acaso ella es útil para algo?

Lo mismo sucede si es lo contrario. Conocemos un matrimonio muy íntegro donde ella es la que predica y lleva adelante el ministerio y su esposo solo la apoya desde el anonimato, ayudándole a pastorear la iglesia desde las sombras. Él a la vez, tiene su propio trabajo secular y es un exitoso empresario. Los comentarios que en ocasiones hemos oído van desde lo irónico hasta lo absurdo.

—Algo anda mal allí si es ella quien debe predicar.

—El esposo debe ser un carnal al que solo le importa la empresa.

—Yo no me congregaría en la iglesia de una «pastora» que tiene a su marido al lado.

Otra vez los estereotipos queriendo entorpecer algo que surgió en el corazón del Señor. La cultura por encima de lo divino.

En uno de los viajes a Centroamérica, Dante conoció a una pareja de pastores que tienen una congregación creciente en medio de la selva. Él es un hombre de Dios que predica, enseña y pastorea a la congregación. Su esposa… solo resucita muertos.

—Ella es así —se excusa su esposo— cuando pasa cerca de un cortejo fúnebre no puede resistirse y termina resucitando al muerto. Ella ha creído que para Dios nada es imposible y simplemente pone su palabra por obra.

Era obvio que mi esposo estaba muy ansioso por conocerla, pero apenas pudo saludarla, ya que en la cultura donde viven, las mujeres no comen en el mismo lugar que los varones, y por si fuera poco, apenas hablan.

Dante intento hablarle, pero la mujer inclino su rostro avergonzada y contesto con algunos monosílabos entrecortados mientras seguía sirviendo la comida en silencio.

—A ella no le gusta hablar, no insistas —explicó su marido.

El no predicar con elocuencia ¿la hace menos ungida?

Que no tenga sus propios contactos y su sitio en la red ¿la privará de los dones de Espíritu?

¿Se supone que algo anda mal en ese matrimonio si es que él no resucita a la gente?

¿Que no participe en la grilla de oradores de los grandes congresos hará que deje de llamar a los muertos de sus féretros?, lo dudo.

Es justo cuando no encaja en nuestra cultura cuando levantamos los estandartes de nuestros propios prejuicios.

Siempre he dicho que mi esposo es un hombre con muchos talentos. Aunque él siempre se ha ocupado en remarcar que todo lo que hace es por la gracia divina, aun así, es un hombre talentoso. Escribe con la facilidad de quien ha estudiado toda su vida para ello, dibuja y es un creativo imparable. Habla con mucha elocuencia y carisma ante miles, como si estuviera en la sala de casa. Y durante muchos años, eso me había abrumado y llenado de preguntas.

¿Por qué Dios no me dió un poco de ese talento divino?

Si Dios había planificado que sería su esposa, ¿no era justo que también pudiera hacer algo notorio?

No me lo cuestionaba con respecto a nuestro matrimonio, de hecho, siempre fuimos muy felices y nos complementamos más que bien. Los interrogantes surgían debido a la presión externa de la cultura, aquello que los demás podían llegar a pensar de nuestro matrimonio. De hecho, estudié en el seminario bíblico, soy músico desde pequeña y podría tocar el teclado en nuestras cruzadas. Me llegan muchas invitaciones para predicar en reuniones de mujeres o en congresos juveniles y podría cantar en los estadios junto a mi esposo, como lo he hecho cuando era más joven en la iglesia local. No estoy hablando de la falta de oportunidades o de una timidez no resuelta. Me refiero a que no podemos enmarcar a Dios en lo que nosotros creemos que es correcto y convencional.

El año 1999 fue el punto de inflexión y la etapa en que supe que ya no debía preocuparme por lo que pensaran los demás.

Acabábamos de realizar una gran cruzada de santidad, también llamada «Súper clásico de la juventud» en pleno corazón de Buenos Aires, la plaza de la República. La Policía Federal estimó una concurrencia de cien mil jóvenes que abarrotaban las calles linderas al obelisco, monumento del centro de la ciudad.

Todavía estábamos sorprendidos por lo que el Señor había hecho a finales del año pasado, cuando una llamada telefónica nos robó la paz. Era un pastor a quien apenas conocíamos quien dijo tener una acusación que ponía en tela de juicio la integridad y la vida moral de Dante y de otros pastores reconocidos.

La acusación, obviamente, no había sido redactada por este pastor, sino por un periodista secular. Pero eso no fue lo grave, sino lo que el pastor mencionó a continuación:

—Tengo este papel en mi poder y voy a faxearlo a todos los ministerios y medios de prensa cristianos que pueda. Todos debemos estar enterados de esta situación —sentenció.

Dante titubeaba mientras empalidecía como la hoja de este papel.

—Pero… eso no es verdad… es injusto —balbuceó.

—Quizá, pero aun así, todos deben saberlo dijo el hombre del otro lado.

Su actitud era «al fin te sorprendimos, tenías algo oscuro que ocultar».

Dante colgó el teléfono y se cayó al piso, devastado a lo sumo. A pesar que le insistía que me contara lo sucedido, casi no podía hablarme.

—No puedo respirar —decía— Dios no puede permitir que una mentira así, infundada por completo, prospere.

A la prensa le llamaba la atención de forma poderosa que en nuestras cruzadas se promoviera la santidad y entre otras virtudes, el esperar hasta el matrimonio para tener relaciones sexuales. Por esas razones habíamos participado en diversos programas televisivos dando testimonio junto a decenas de jóvenes acerca de mantenerse puros hasta el matrimonio. Una acusación así, por injusta e infundada que fuera, podría dañar varios años de testimonio ante los inconversos. Y mi esposo lo sabía.

> **Una acusación así, por injusta e infundada que fuera, podría dañar varios años de testimonio ante los inconversos. Y mi esposo lo sabía.**

Nuestro teléfono no paraba de sonar con personas que llamaban porque les había llegado la carta que este hombre estaba faxeando. Algunos lo hacían para solidarizarse y otros para averiguar cuanto había de cierto. Hasta algunos se sorprendían cuando escuchaban mi voz, ya que suponían que ya estábamos divorciados.

Fue la primera vez en nuestro matrimonio que vi a Dante hundido en una profunda depresión. Seguramente al leer este libro te preguntarás si el pasaje «Bienaventurado cuando hablen mal de ti, mintiendo», nos alentaba, y debo decirte que aunque es una verdad irrefutable, nada parecía tener sentido para mi esposo.

Hace unos meses les había predicado a cien mil personas en una de las reuniones más multitudinarias de la historia de la iglesia cristiana Argentina, pero ahora apenas podía levantarse del suelo.

Su dolor no era por el periodista que había inventado semejante farsa, sino por la actitud de aquel pastor, que ayudó a que la mentira se propagara.

—Siento que estamos desprotegidos del Cuerpo de Cristo —decía— con ese criterio, cualquier inconverso puede acusarnos de cualquier cosa horrible y siempre causará eco en algunos líderes de la iglesia.

Fue en ese momento exacto, en que me di cuenta cuan importante era mi lugar en el ministerio.

Si eres esposa, sabes de lo que estoy hablando. Tú eres la que ves a Elías metiéndose en la cueva temeroso, alegando que tiene ganas de morir. Él apenas recuerda que hace menos de una hora destruyó de forma heroica a los profetas de Baal, pero su desazón no le deja ver las cosas con claridad. Cuando lo miras, devastado por completo, no se te ocurriría reemplazarlo, mucho menos le dirías:

«Muy bien Elías, veo que no estás de humor hoy. Esta es mi oportunidad de mostrarle a Israel que yo también puedo ser útil. Si logras salir de la cueva trata de preparar la cena, yo no puedo detenerme por culpa de tus depresiones. Y por cierto: para tu información, no estás dando un gran ejemplo como sacerdote de hogar».

Claro que nadie sensato y espiritual diría algo así. Solo los que han estado casados saben lo que significa el complemento justo en el momento oportuno.

Fue nuestra primera batalla de la intimidad, nuestra primera cruzada personal donde no se me hubiese ocurrido plantearme mi lugar en el ministerio, estaba demasiado claro.

Comencé a orar por Dante como solo alguien que lo ama demasiado puede hacerlo. Pasábamos noches enteras en vigilia, hablando con el Señor y dialogando acerca de todos los planes que seguro él tenía para nosotros.

—Dios debe tener algo muy grande después de esto —le decía.

—¿En serio? ¿Crees que Dios permite esto por alguna razón? –preguntaba mi esposo queriendo escuchar una vez más lo que ya sabía.

Fueron muchas noches más de las que recuerdo, muchos días eternos en que ya no queríamos escuchar el teléfono y decidimos cambiar el número para preservar nuestra intimidad y nuestro corazón.

La gente espiritual que se había enterado oraba por nosotros en silencio y los que no lo eran, se sentaban a esperar novedades de nuestro incipiente fracaso. Fue uno de los momentos ministeriales más duros de los que tengamos memoria. Por fortuna, ese mismo año Dios nos compensó con el nacimiento de nuestro segundo niño, Kevin Daniel.

A pesar de todos los cambios emocionales que puede sufrir una mujer en el embarazo, tenía que mantener una mirada objetiva del asunto, para que mi esposo no claudicara ni bajara los brazos, y mucho menos por una acusación falsa.

Al año siguiente fue como si el ministerio había sufrido una explosión, literalmente, del Espíritu Santo.

Realizamos un tour evangelístico por toda Argentina en el que asistieron 206,300 jóvenes. Dante recibió un mensa-

> **La gente espiritual que se había enterado oraba por nosotros en silencio y los que no lo eran, se sentaban a esperar novedades de nuestro incipiente fracaso.**

je profético en el peor caos y declive político que jamás haya vivido nuestro país, al que tituló «Diagnóstico espiritual», y lo predicó en veintitrés estadios nacionales, culminando en el popular estadio Boca Juniors de Buenos Aires. Fue una de las etapas más fructíferas del ministerio; claro que casi nadie sabía el precio que habíamos pagado en la intimidad. En un momento de la cruzada, en el estadio Boca, nos cruzamos una sola mirada que nos trajo a memoria todo aquello por lo que habíamos pasado.

Solo Dios sabe como lo alenté, le levanté los brazos y le recordé todo lo que él nos había prometido. Como aquella murmuración era una mentira, se diluyó en poco tiempo y el Señor volvió a sorprendernos, preservando nuestro testimonio y llevándonos a nuevos niveles de unción.

Unos días antes de aquella cruzada, una mujer profeta me llamó por teléfono y me dijo que me animara a hacer algo público en el estadio.

> **No quiero caer en lugares comunes diciendo que «detrás de todo gran hombre hay una gran mujer», porque también podría utilizarse como un viejo recurso machista.**

—Tienes que hacer una oración ante el micrófono, o predicar, o hacer algo —me exhortó.

Yo solo le agradecí de manera educada y no pude más que sonreír. Había peleado una batalla que ella jamás conocería, y que ni siquiera en estas líneas podría contar en su totalidad.

Sé que los lugares públicos suelen ser los más convencionales, y como dije antes, respeto a quienes sienten que Dios les ha dado ese lugar. Pero aliento a esas otras miles de mujeres que podrían llevarse el aplauso de una multitud o el agradecimiento de una congregación, pero prefieren ser las estrategas en la batalla. Han optado por levantar los brazos, decir las palabras adecuadas en medio de las tormentas, callarse y amar en silencio cuando todos opinan y señalan. Las que planifican con la mente clara, las que ven aquello que sus esposos no se percatan, las que recuerdan las promesas del Señor en los momentos más críticos.

No quiero caer en lugares comunes diciendo que «detrás de todo gran hombre hay una gran mujer», porque también podría utilizarse como un viejo recurso machista. Solo quiero recordarte que nunca puedes juzgar a alguien por lo que hace en público y mucho menos puedes valorar a una mujer por su perfil ante la gente.

Hace poco leí un poema maravilloso que lamentablemente no pude averiguar quien fue su autor, pero aun así me permití transcribírtelo:

«Que nadie haya sido tan afortunado de darse cuenta la mina de oro que tú eres, no significa que brilles menos.

Que nadie haya sido lo suficientemente inteligente para darse cuenta que mereces estar en la cima, no te detiene para lograrlo.

Que nadie se haya presentado aun para compartir tu vida, no significa que ese día este lejos.

Que nadie haya notado los avances de tu vida, no te da permiso para detenerte.

Que nadie haya notado la hermosa persona que tú eres, no significa que no seas apreciada.

Que nadie haya venido a alejar la soledad con su amor, no significa que tengas que conformarte con lo que sea.

Que nadie te haya amado con ese amor que has soñado, no significa que tengas que conformarte con menos.

Que aun no hayas recogido las mejores cosas de la vida, no significa que la vida sea injusta»

Por cierto, cada vez que algún anfitrión le pregunta a mi esposo que es lo que hago exactamente, estoy tentada a decírselo.

Pero dudo que pueda pagar semejante cuenta telefónica.

10

CAPÍTULO 10

Cruzando la línea de riesgo, otra vez

Estoy convencida que cuando se es joven, se arriesga más, pero a medida que pasan los años, nos volvemos más cautelosos, racionales y pensantes al extremo. Muchas de las cosas que le creíamos al Señor cuando teníamos poco más de veinte años, hoy las pensaríamos más de una vez y pediríamos garantías al cielo antes de dar el primer paso de fe.

Eso, yo lo llamo «la comodidad del éxito». Mientras que todo estaba por hacerse y no tenías mucho para perder, no te importaba invertir lo poco que tenías y creerle a Dios la locura más grande que jamás se le haya ocurrido. Pero es muy diferente cuando crees que tienes algo que cuidar, cuando supones que no es necesario volver a poner en juego aquello que tanto te ha costado conseguir.

No es lo mismo emprender un sueño misionero cuando eres soltero o recién casado, que cuando tienes cuatro hijos. La óptica del riesgo se ve diferente cuando tienes treinta años que cuando has pasado los sesenta.

Seguramente has conocido a algunos ministerios que hace un par de décadas eran huracanes espirituales y parecían que iban a arrasar el mundo entero con la predicación del evangelio, y en este momento son un tímido eco de lo que alguna vez fueron. Y no me estoy refiriendo a aquellos que sufrieron una caída en el camino de la integridad, sino los que por alguna razón dejaron de arriesgarse.

> **La óptica del riesgo se ve diferente cuando tienes treinta años que cuando has pasado los sesenta.**

Iglesias que revolucionaban la nación, alcanzaron una membresía considerable y ya nadie más supo de ella. Evangelistas jóvenes que invertían hasta su propio capital para impactar cada barrio de la ciudad, se diluyeron en una iglesia local, fundada más por necesidad que por llamado. Hombres y mujeres que permitieron que los gastos fijos o el cansancio dirigieran y limitaran su destino.

Por eso nos alegra de manera profunda, cuando vemos a hombres que a pesar de vivir los años altos de su vida, siguen con la misma fuerza e ímpetu que cuando eran muy jóvenes y tenían el mundo por delante. Por esa misma razón, a finales de 2005, con humildad, creímos que era bueno honrar las trayectorias impecables de evangelistas como Carlos Annacondia, Aderqui Ghioni, Alberto Mottesi y Luis Palau, solo por mencionar algunos casos emblemáticos de los centenares de ministros que sienten que los años no les han aplacado ese espíritu revolucionario que los impulsa a nuevos desafíos. Junto con nuestra casa editora (Vida-Zondervan) y su Presidente Esteban Fernández, les entregamos un merecido reconocimiento en el estadio River, en «El Último Súper Clásico de la Juventud».

También es comprensible que cualquier cristiano promedio no quiera empezar de nuevo, pero los límites no están en el cielo, sino en nuestra mente, presupuesto, y la aparente reputación que suponemos que estamos obligados a cuidar.

Todavía tengo el recuerdo fresco de la última vez que

tuvimos que apostarlo todo otra vez, en pos de creerle y obedecerle de manera ciega al Señor, como en aquellos primeros tiempos.

Aunque nuestros primeros años de ministerio fueron bastante resistidos por el liderazgo en general, después de un tiempo, los ministros de Dios reconocieron el toque divino y la unción depositada en Dante. Si bien siempre tuvimos amistad con muchos pastores, no fue hasta casi finales de los '90 que sentimos que al fin nos habían hecho un lugar como consiervos. A la distancia, es comprensible; el ministerio de mi esposo surgió sin previo aviso de la noche a la mañana, y un muchacho virtualmente desconocido comenzó a llenar los estadios con un mensaje dirigido a la juventud. En la actualidad, la relación es inmejorable y a medida que ha crecido la empresa, también lo ha hecho el ministerio en relación a las entidades eclesiásticas más importantes de nuestro país.

En el año 2000 sentimos que se terminaba una etapa. El conocido y popular estadio Boca Juniors rebasaba con más de setenta mil jóvenes que se habían dado cita de todo el país. En nuestro interior sentíamos que a partir de ese preciso momento, podíamos dedicarnos a realizar cruzadas por distintos sitios, y de esa manera afectar a muchísimas almas con el evangelio de Jesucristo. En otras palabras, Dios estaba bendiciéndonos de una manera asombrosa, habíamos recorrido toda la Nación con un tour que alcanzó a muchas personas, teníamos el reconocimiento de nuestros pares, y el Señor seguía abriendo puertas en el exterior. Al fin, estabamos sintiendo la famosa «comodidad» que suele estancar a los ministerios.

Pero el Señor había planificado llevarnos a un nuevo nivel de riesgo.

Ese mismo verano habíamos notado como miles de argentinos se abocaban a los conocidos teatros revisteriles de la mítica calle Corrientes de Buenos Aires. Nuestra ciudad es elegida por diversos productores del mundo que estrenan sus comedias musicales u obras de teatro en simultáneo con las grandes capitales del mundo como Nueva York o Madrid. Pero también es el centro de las más procaces revistas musicales Nacionales, que suelen encabezar los llamados «capo cómicos» y son secundados por distintas vedettes.

Fue para finales del 2000, y mientras terminábamos el tour Nacional en el estadio Boca, que un conocido travesti que surgió del ámbito televisivo, encabezaba una seudocomedia musical y era elegido como «la mujer del año» apareciendo en las portadas de revistas de espectáculos más importantes. Aquello fue como un detonador para nosotros y comenzamos a orar en dirección a ello. Necesitábamos una nueva estrategia para llegar a los inconversos reacios a ingresar a una cruzada evangelística en un estadio. Como Argentina es un país de raíces católicas y esa es la religión oficial, el subconsciente colectivo es pensar que todos los evangélicos son «gente rara» y los pastores una especie de aventureros que viven gracias al aporte financiero de sus feligreses. La discriminación es abierta y frontal, y es por ello que se hace difícil llegar de forma sencilla al público que no conoce de verdad al Señor.

Pero si ellos no venían, iríamos hacia ellos, metiéndonos en la misma boca del lobo.

Recuerdo que pasamos noches enteras debatiendo si estábamos en lo correcto. Habíamos culminado una exitosa cruzada, y Dante podía dedicarse en exclusivo a predicar en eventos o congresos cristianos en diferentes lugares de América y Europa, que era de donde provenían la mayoría de las invitaciones. Pero sentíamos esa «urticaria santa» que comienza a provocar el Señor cuando quiere llevarte a un nuevo desafío.

La idea era presentar una opción diferente en la calle Corrientes (una suerte de Broadway de Sudamérica) pero no teníamos ni el dinero para la inversión inicial, ni veíamos la viabilidad de como plasmar un espectáculo evangelístico que no sonara a religión y terminara espantando a los inconversos.

«Avancemos hasta donde podamos, luego, Dios dirá» mencionó Dante y así lo hicimos.

A través de un amigo en común llegamos a dar con un conocido productor argentino, José Luis Massa, en la actualidad uno de los creativos de Red-Lojo (una productora independiente muy exitosa en nuestro país), a quien le propusimos la idea del show. Aunque él no profesa ninguna religión en particular, término por gustarle la idea de ser el director artístico de «un espectáculo que promoviera valores olvidados, los estandartes morales y buenas costumbres». Dante improvisó algunos monólogos delante de él y eso terminó de convencerlo. Compró la idea y comenzamos a trabajar de manera ardua en el nuevo proyecto teatral.

A medida que todo iba avanzando, nos íbamos preocupando un poco más. Partiendo desde la base, esto ya no era una «cruzada» sino un «show multimedia».

A medida que todo iba avanzando, nos íbamos preocupando un poco más. Partiendo desde la base, esto ya no era una «cruzada» sino un «show multimedia». Por si fuera poco, Massa decidió realizar un casting para contratar un ballet profesional y todos los elegidos terminaron siendo inconversos. Luego se terminó de completar el equipo con los dobles de riesgo, los efectistas, iluminadores, musicalizadores, asistentes de producción, actores, escenógrafos, coreógrafa y vestuaristas. Aunque el guión y la producción general estaban a cargo de Dante, todo el staff estaba formado por personas que no eran cristianas.

¡Íbamos a hacer un show evangelístico con un equipo de inconversos!

A esta altura de las circunstancias ya no podíamos ni siquiera conciliar el sueño.

—Esto va a causar un gran revuelo entre los religiosos tradicionalistas —me dijo Dante.

—Es cierto, justo ahora que habíamos logrado cierta comodidad en el ministerio —dije.

—Es que todo es muy arriesgado, no sé si los cristianos vayan a entender que esto es un espectáculo para inconversos.

—No importa, el Señor nos dijo que lo hiciéramos y esa es razón suficiente para continuar.

—Imagino la cara de aquellos que vengan y esperen que yo abra la Biblia o haga una oración, les va a costar entenderlo.

—Nunca hicimos algo para gustarle a la gente, lo hacemos para obedecer a Dios.

> **¡Íbamos a hacer un show evangelístico con un equipo de inconversos!**
> **A esta altura de las circunstancias ya no podíamos ni siquiera conciliar el sueño.**

—Pero los que me ven como pastor, les costará verme como un tipo de comediante, de showman...

—A esta altura, como te vean, es un tema menor. Eso no debe preocuparnos, debemos abocarnos a que la gente que asista a las funciones se lleve, de alguna manera, el mensaje de Cristo en el corazón. Dios tiene que darte un buen guión, lo demás no tiene importancia ahora –culminé, inclusive tratando de convencerme a mí misma.

Lo más difícil era cambiar nuestro «chip» interior.

Nos habíamos sorprendido con gracia, cuando después de mucho tiempo, las Asambleas de Dios le otorgaron las credenciales a Dante y lo reconocieron como a un ministro convencional, pero ahora estábamos concientes que íbamos a romper otras nuevas estructuras cuando lo vieran como a un comediante o productor teatral.

De lo que sí estábamos seguros era que no podía montar

un show en pleno centro de Buenos Aires, presentándose como predicador porque la obra sería un fracaso antes de comenzar. No nos interesaba que asistan los cristianos sino aquellos inconversos que suelen deambular por los teatros porteños cada fin de semana.

Un empresario de los Estados Unidos viajó especialmente a la Argentina para ayudarnos en la inversión inicial y poder estrenar el espectáculo sin sobresaltos financieros. Lanzamos una enorme campaña publicitaria en los medios gráficos, incluyendo los programas televisivos de espectáculos que hablaban de «un novedoso concepto en materia de espectáculos». Misión Rec. (Recuperando el control), un show teatral para toda la familia, con monólogos de humor, dobles de riesgo, láser, pantallas, telones de fibra óptica y musicales imperdibles.

Los periodistas especializados se preguntaban quién era Dante Gebel, y algunos supusieron que era un comediante extranjero, mientras que otros, solo con ingresar en cualquier buscador de internet, descubrían que se trataba de «el pastor de los jóvenes». Aun así, lograba llamarles la atención por la puesta en escena que se prometían en los avances.

Cuando faltaban pocos días para estrenar y ya habíamos cerrado el trato con el teatro, el elenco y el equipo de trabajo, el empresario desistió de ayudarnos en lo financiero.

Lo cierto, es que el Señor nos había mandado a hacerlo y ya no podíamos volver hacia atrás, así que, estrenamos el show un sábado de diciembre del 2001, al mismo tiempo

Los periodistas especializados se preguntaban quién era Dante Gebel, y algunos supusieron que era un comediante extranjero, mientras que otros, solo con ingresar en cualquier buscador de internet, descubrían que se trataba del «pastor de los jóvenes».

que cuando la Argentina comenzó a arder en llamas, en términos políticos y sociales.

Lo sucedido en nuestro país dio la vuelta al mundo, los cacerolazos de una sociedad harta de un política desastrosa, la renuncia del Presidente de la Republica y el Ministro de Economía, y el caos social más grande del que tenga memoria nuestro país.

A pocas cuadras de donde realizábamos las funciones de nuestro espectáculo, decenas de manifestantes rompían las mamposterías de los teatros, incendiaban negocios de comidas rápidas y se enfrentaban a los uniformados que trataban de reprimir a los ciudadanos que habían llegado al límite del hartazgo.

Batimos el récord de tener a cinco presidentes en un lapso menor de quince días, y la moneda nacional (que durante diez años se había mantenido en paridad con el dólar americano) se desvalorizó tres veces en un abrir y cerrar de ojos.

Aun así, y mientras que muchos otros productores teatrales levantaban sus espectáculos por razones de fuerza mayor, mantuvimos el show durante un mes y medio en cartel. La mitad de lo que desde un principio se había planificado, ya que la idea era quedarnos durante el trimestre del verano de Buenos Aires.

Con mucho dolor, sin comprender en su totalidad lo que estaba ocurriendo y cuestionándonos si acaso no nos habíamos equivocado en escuchar la voz de Dios, decidimos levantar la obra, a pesar que el público nos alentaba a continuar. De seguir, acrecentábamos una deuda que no podíamos sobrellevar sin poder pagarle el justo salario al elenco y a los distintos proveedores del show.

—Es una lástima —reflexionó Massa— es uno de los mejores espectáculos que hayamos hecho. De igual modo estoy muy orgulloso de haber trabajado aquí.

El día que estábamos bajando el cartel de la marquesina, una mujer de Dios se acercó a nosotros en la misma vereda del teatro y nos dijo:

—Dios está muy feliz que le hayan obedecido, él lo planificó así, simplemente está probando que confían en él aun en medio de la tormenta. Esto que ha nacido aquí, en pleno centro de la Ciudad es un símbolo espiritual, algo fue plantado en el corazón de Buenos Aires y dará sus frutos en poco tiempo. El Señor me dijo que les dijera que en pocos meses, esto que parece cortarse de manera abrupta continuará con éxito, como todo lo que Dios emprende; a pocas cuadras de aquí, van a comprobar que Dios lo volverá a hacer y la gloria postrera será mayor que la primera».

Honestamente, en ese momento, no creímos demasiado en aquellas bellas palabras. Tapados por las deudas y en medio del terremoto social del país, interpretamos que esta dama solo intentaba alentarnos, y se lo agradecimos con cortesía.

Como no podíamos darnos el lujo de hacer una pausa para tratar de debatir lo que nos estaba sucediendo, decidimos realizar una urgente gira por el exterior con el propósito de juntar fondos y pagar cada centavo que debíamos. Fuimos con los dos niños (quienes perdieron parte de su año lectivo) a Chicago, Houston, Nueva York, Miami, Puerto Rico y Los Ángeles durante tres meses. Aunque en ninguno de estos sitios hablábamos de nuestra economía, el Señor movilizaba a distintas personas que se acercaban a Dante luego de su sermón y le decían: «He sentido: darles este dinero ahorrado, él me dijo que se los sembrara», y así sucedían decenas de casos similares.

Conocimos nuevos empresarios deseosos de colaborar y agradecidos que le permitiéramos sembrar en nuestro ministerio. De hecho, gracias a aquella aparente crisis, conocimos a varias personas que siembran con fidelidad y de manera incondicional en todos los proyectos del ministerio hasta el día de hoy.

Pero aun a pesar que veíamos la asombrosa mano de Dios en nuestras finanzas, durante esos tres meses nos pasábamos horas contemplando el cielo y preguntándonos las razones de lo sucedido.

¿Dios no sabía que el país iba a estallar? ¿No nos pudo haber alertado?

Pero aun a pesar que veíamos la asombrosa mano de Dios en nuestras finanzas, durante esos tres meses nos pasábamos horas contemplando el cielo y preguntándonos las razones de lo sucedido.

¿Qué misteriosa razón divina nos había impulsado a emprender este nuevo proyecto?

¿Por qué si todo lo que habíamos hecho hasta ahora había comenzado y terminado bien, esto se había cortado de manera tan abrupta?

Estábamos plenamente convencidos que este no era el estilo de Dios. En un momento, consideramos que quizá no debimos haber abandonado el formato clásico de las cruzadas y aventurarnos a un espectáculo teatral. Aun así, en lo profundo del corazón, sabíamos que habíamos sido obedientes y no dejamos de avanzar, aun cuando aquel empresario se desligó del proyecto de manera sorpresiva.

Luego de noventa días extenuantes regresamos a la Argentina y pagamos hasta el último centavo que debíamos. Todo el equipo se sintió muy feliz y quedaron a nuestra entera disposición para cuando quisiéramos re estrenar la obra o emprender algún proyecto similar.

A los pocos meses, y durante un viaje a Madrid, Dante siente la voz del Señor hablándole otra vez del espectáculo.

—Vas a hacerlo otra vez.

—De ninguna manera —razonó mi esposo de forma inmediata— no quiero dolores de cabeza ya tuve demasiadas complicaciones. Tú sabes Señor que esto no ha resultado como esperábamos. Debes estar equivocado.

—Vas a hacerlo otra vez —era lo único que le parecía escuchar de parte del Señor.

Ese fin de semana luchó contra esa palabra con todas sus

fuerzas. Era como volver al sitio de la derrota. Los avatares económicos, la ansiedad por un país casi a punto de desintegrarse y tres largos meses fuera de casa eran demasiado como para repetir el intento.

Cuando mi esposo regresó a casa me contó lo que había sucedido y la palabra puntual que había recibido de parte Dios, pero alegando que esta vez no estaba dispuesto a arriesgarse a otra nueva eventualidad.

—Dios también habló conmigo —le dije mientras abría él los ojos como platos— creo que aquella palabra dada por esa mujer va a cumplirse, tenemos que re estrenar. Aquel esfuerzo va a dar muchos frutos.

Luego de orar de manera intensa durante varias semanas estuvimos dispuestos a obedecerle otra vez. El Señor sabía que podía contar con nosotros las veces que quisiera, aunque tembláramos de miedo.

Tal como Dios había dicho, en pocos meses presentamos «Misión Argentina» en el estadio cubierto más grande de Buenos Aires y a escasas cuatro cuadras del teatro Astros, donde nos habíamos presentado la primera vez. Pensamos que realizaríamos una sola función pero se agolpó tanta gente y se hicieron filas tan largas que tuvimos que hacer tres funciones repletas en un mismo día, logrando un récord histórico e inédito hasta la fecha para el conocido estadio. La primera función fue a las cuatro de la tarde, la segunda a las siete y la última, debido a que aun quedaba muchísima gente afuera, pasada la medianoche. Trabajó el mismo equipo que ya lo había hecho la primera vez y el éxito fue arrasador. Más de nueve horas ininterrumpidas predicando de una manera diferente, con una puesta en escena al mejor estilo de Broadway, uno de los mejores ballet del medio, banco de imágenes, shows de láser, un vestuario increíble, y hasta los dobles de riesgo que con regularidad trabajan en la mayoría de los filmes nacionales.

En poco tiempo llegaron invitaciones de otras productoras del exterior para presentar el show en otros países. Los productores hicieron algunos cambios al formato, Dante re escribió los monólogos a un lenguaje neutro y en poco tiempo, realizamos funciones de lo que llamamos «Misión América» en el Alex Theatre de Glendale, California, el Vic Lopez Auditorium de Los Ángeles, el Teatro Providencia de Santiago de Chile y recientemente en el imponente Jackie Gleason de Miami Beach con un lleno total y muchísimas personas que conocieron al Señor ese día, sumado a las propuestas de algunos productores que sueñan con llevar el espectáculo a Las Vegas. Aun mientras escribo este capítulo, siguen llegando propuestas para presentar el show en distintos países de América, y hasta España.

El espectáculo permitió además, que se abrieran otras puertas nuevas para predicar, como propuestas televisivas y otros proyectos que surgieron a raíz de esa divina locura del Señor.

Arriesgar es la clave, aun con todo el costo que eso significa.

Arriesgar es la clave, aun con todo el costo que eso significa. Aunque no comprendíamos el plan divino al estar caminando sobre aquellas aguas turbulentas, a la distancia, nos damos cuenta de todo lo que pudimos haber perdido si no nos atrevíamos a salir de la barca y dar un paso más allá de nuestra racionalidad.

Si le preguntáramos al apóstol Pedro si sería capaz de caminar sobre las aguas otra vez, aun sabiendo que volvería a hundirse, nos diría:

—Claro que sí, tan solo para sentir otra vez sus fuertes brazos, en medio del mar.

Mi esposo suele definirlo de la siguiente manera:

«En estos años, nos hemos endeudado varias veces y hemos cometido errores otras tantas. Arriesgamos, perdimos y ganamos. Hemos hablado de más y también de menos. Hemos tenido aciertos y fracasos. Pero si pudiéramos tener veinte años otra vez, haríamos exactamente lo mismo, sin omitir un solo detalle, simplemente para volver a sentir la providencia del Señor en esos momentos».

Cuando el Señor te sorprenda con un nuevo desafío, no te aferres a una débil reputación que cuidar, ni a los pocos centavos que hayas juntado, y mucho menos a la tan popular comodidad que amarra a los ministerios a victorias pasadas. Atrévete a equivocarte, y de ser necesario a tener errores.

Hace poco, nos encontramos con personas que por temor a hundirse con nosotros, se desvincularon de aquel primer proyecto teatral. Uno de ellos nos preguntó si estábamos arrepentidos de haberlo hecho.

«Por supuesto que no, lo haría una y otra vez –respondió Dante- de no haber sido por aquel controvertido estreno en la calle Corrientes, hoy no estaríamos predicando el Mensaje de Cristo a miles de personas a través de "Misión América". Nunca se me hubiese ocurrido hacerlo ni me habría animado, de no haber pasado por aquel teatro ese verano».

Al fin, y si aun estas dudando en cruzar esa línea de riesgo que te separa de los nuevos niveles que Dios tiene preparado para tu ministerio, quiero transcribirte un increíble poema de Jorge Luis Borges al que tituló «Instantes». Hace poco, Dante decidió publicarlo como parte de su editorial en la revista que dirige (Edición G) y me parece acertado regalártelo en este libro. No hace falta aclarar que estoy convencida que el Señor puede hablarnos de diferentes maneras, a través de la Biblia, una predicación, una película, una canción, o aquello que Dios se le antoje utilizar. Y hace muchos años, Dios lo hizo a través de este poema.

Tampoco hace falta decir que fue uno de los mejores escritores que haya existido, pero sin duda, me sorprende como logró reflejar tantas verdades en tan pocas líneas:

«Si pudiera vivir nuevamente mi vida. En la próxima trataría de cometer más errores.

No intentaría ser tan perfecto, me relajaría más. Sería más tonto de lo que he sido, de hecho tomaría muy pocas cosas con seriedad. Sería menos higiénico. Correría más riesgos, haría más viajes, contemplaría más atardeceres, subiría más montañas, nadaría más ríos.

Iría a más lugares adonde nunca he ido, comería más helados y menos habas, tendría más problemas reales y menos imaginarios.

Yo fuí una de esas personas que vivió sensata y prolíficamente cada minuto de su vida; claro que tuve momentos de alegría.

Pero si pudiera volver atrás trataría de tener solamente buenos momentos.

Por si no lo saben, de eso está hecha la vida, sólo de momentos; no te pierdas el ahora.

Yo era uno de esos que nunca iban a ninguna parte sin termómetro, una bolsa de agua caliente, un paraguas y un paracaídas. Si pudiera volver a vivir, viajaría más liviano.

Si pudiera volver a vivir comenzaría a andar descalzo a principios de la primavera y seguiría así hasta concluir el otoño. Daría más vueltas en calesita, contemplaría más amaneceres y jugaría con más niños, si tuviera otra vez la vida por delante.

Pero ya tengo 85 años y sé que me estoy muriendo».

CAPÍTULO 11

Aquello que entendemos por éxito

El hombre abrió sus ojos y lo primero que vio fueron los rostros de una enfermera y el médico que lo había intervenido quirúrgicamente.

—Me alegra que haya despertado —dijo el galeno— tengo dos noticias para darle, una buena y otra mala.

—Empecemos por la buena —respondió el paciente un tanto asustado.

—La buena es que la operación ha sido todo un éxito. Al fin, pudimos amputar la pierna gangrenada en menos tiempo de lo estipulado. No hubo mayor sangrado que lo normal, ha tolerado muy bien la anestesia y cicatrizará muy pronto.

—¿Y la mala?

—La mala es que cortamos la pierna equivocada.

Aunque la historia es patética y quizá nunca haya ocurrido en realidad, la primera vez que la escuché no pude menos que relacionarla con el concepto errado que solemos tener del éxito. Aunque la operación había sido exitosa, no fue efectiva, y esa es la enorme diferencia.

Estoy totalmente convencida que el sueño de toda persona que ama a Dios es lograr encontrar al cónyuge de su vida, tener hijos saludables, ejercer una profesión y desarrollar un ministerio en familia. Pero en ocasiones, y como te he contado en capítulos anteriores, pensamos que existen ciertos parámetros que determinan a una persona exitosa y eso es lo que termina conduciendo a mucha gente a la frustración.

Antes de comenzar a escribir oré mucho al Señor pidiéndole que me diera la gracia para tratar de transmitir esa esencia en todo el libro: que puedes ser una persona exitosa siendo un referente de la alabanza para todo el mundo, o sencillamente sirviendo en la música de tu iglesia local. Predicando en estadios o hablándole a

Junto al Presidente de Vida - Zondervan, Esteban Fernández

una veintena de personas en un templo improvisado.

Nunca fui demasiado amiga de los consejos motivacionales del tipo «Llega a la cima» o «Diez pasos para un ministerio exitoso», lejos de eso, tienes que preguntarte si eres efectivo en lo que haces, independiente del tamaño o la repercusión pública que ello podría tener.

Es por esa misma razón que enfatizo acerca del lugar que ocupan las mujeres en el ministerio. Soy recurrente al insistir con la idea que no importa si te paras con autoridad detrás de un pulpito y predicas con elocuencia, o si eres un apoyo incondicional desde el anonimato. Ambas son efectivas si están ubicadas en el lugar que Dios tenía diseñado para sus vidas.

Desde hace dos años, hemos sentido aportar un pequeño

grano de arena en la capacitación de los líderes juveniles, brindándoles algunas herramientas básicas para trabajar con esta generación tan singular. Así fue que surgió la idea de realizar seminarios intensivos a los que titulamos «Héroes». En más de treinta ciudades nos encontramos con el mismo dilema: jóvenes que no encuentran su lugar ni la manera de desarrollar su ministerio.

Al principio creímos que todo se resumía a un problema pastoral, supusimos que no les estaban dando el espacio necesario para poder desarrollarse. Más tarde, y al comprobar que era un problema de la gran mayoría, nos dimos cuenta que todos ellos soñaban con el «éxito» en lugar de querer ser efectivos.

Muy pocos se acercaban diciendo: «Ora por mí, para que el Señor aumente mi sed por buscarlo, necesito dirección sobre lo que él quiere para mi vida», o «Quiero hacer la voluntad de Dios, cualquiera que sea». Todos hablaban de llenar estadios, tener un ministerio multitudinario, ser presidentes de la república o dueños de una gran empresa. Me alegra que las visiones estén a la altura de un Dios grande, pero me pregunto cuántos de ellos en realidad han escuchado la voz del Espíritu Santo pidiéndoles que ocupen esos lugares.

> **Me alegra que las visiones estén a la altura de un Dios grande, pero me pregunto cuántos de ellos en realidad han escuchado la voz del Espíritu Santo pidiéndoles que ocupen esos lugares.**

Desde que era pequeña conozco a un matrimonio muy piadoso y lleno del Señor que se ha brindado por completo al servicio del evangelio. Ellos tienen un avasallante ministerio, seguido por prodigios y milagros, causando un gran impacto en el sitio donde el Señor los ha enviado, hace poco menos de quince años. Solo que no predican en una gran ciudad, sino en Apipé, una pequeña isla de Corrientes, en una lejana provincia del norte de Argentina. Y los milagros no son necesariamente grandes sanidades en céntricos estadios, sino la fiel provisión del Señor año tras año. Y es obvio que el impacto de sus ministerios no se refleja en los periódicos, sino en las decenas de vidas transformadas al ver el testimonio intachable de Rufino y Vilma Machay, dos personas que han dejado su hogar e invertido hasta su propia salud para entregarse por completo a las almas necesitadas de una olvidada isla. Un ejemplo de vidas rendidas al Señor sin ningún tipo de reserva.

Cada vez que los encuentro en alguna convención me cuentan los milagros divinos que Dios hace en aquel remoto lugar, con la misma avidez que un carismático evangelista relataría el momento en que un paralítico comenzó a caminar. Desde que se alistaron como misioneros supieron que ese era el lugar que Dios había diseñado para ellos, por el tiempo que él así lo dispusiere.

En estos años hemos escuchado decir a muchos predicadores motivacionales que si una congregación no rebasa las cien personas, su pastor debería cerrar la iglesia con un candado y en su lugar abrir una verdulería. Que si alguien no puede comprarse un automóvil del año, es un fracasado liso y llano. Que si no es dueño de su propia casa, nació para ser cola en lugar de cabeza.

Y lo más peligroso es que rematan enseñando que si una persona logra decir las palabras correctas o hacer determinado «pacto» con el Señor, ¡pum! el milagro ocurrirá de manera instantánea.

> **Y lo más peligroso es que rematan enseñando que si una persona logra decir las palabras correctas o hacer determinado «pacto» con el Señor, ¡pum! el milagro ocurrirá de manera instantánea.**

No quiero confundirte, tampoco estoy de acuerdo con la doctrina de la miseria o aquellos que solo esperan recibir las bendiciones «más allá del sol». Nosotros creemos en la prosperidad, la vivimos en plenitud y siempre alentamos a los jóvenes a alcanzar su máximo potencial en el Señor. Pero no con palabras mágicas ni frases hechas, sino con el esfuerzo de los que pagan el precio de la efectividad, aquellos que buscan la dirección de Dios y están lejos de suponer que el exitoso es solo aquel que logra tener una abultada cuenta bancaria y se para ante las multitudes.

En nuestro caso, sabíamos que estábamos en el centro de la voluntad del Señor cuando vivíamos en un pequeñísimo departamento y aun así debíamos emprender proyectos gigantescos para él.

No te preguntes cómo te ven los demás, sino si estás en el lugar que él planificó, recuerda que los grandes avivamientos que causaron efecto siempre se han gestado en los pequeños establos.

Recuerdo una vez que debíamos juntar fondos para solventar los gastos de un gran evento y decidimos redimir el tiempo lo máximo posible. Nos sentamos frente a varias invitaciones, y delineamos la manera en que viajaríamos a esos sitios, llegando a mucha gente en poco tiempo y logrando un doble objetivo: predicar un mensaje que desafiara a la juventud, y juntar el dinero necesario para invertirlo en un proyecto evangelístico de la Argentina. Pero en el medio, surgió una invitación singular, para asistir a un controvertido país latinoamericano. Una nación que por lo regular no se caracteriza en realizar grandes eventos evangelísticos y que estaba a muchas millas de distancia de nuestro itinerario de viaje. La leímos con detenimiento, y decidimos que la consideraríamos para un futuro, en ese momento estábamos abocados a una gira que fuese logísticamente fácil de realizar en el menor tiempo posible.

Continuamos con nuestro plan inicial, y nos fuimos a descansar.

Al día siguiente y por alguna curiosa razón, aquella invitación continuaba en el escritorio de Dante, y de vez en cuando, volvía a aparecer traspapelada entre las demás.

—No puedo ir allí —decía mi esposo intentando convencerse— quizá lo haga más adelante, Dios sabe que ahora no estamos en condiciones de salirnos del programa de viaje que establecimos.

Al cabo de unos días, llegó otra carta, proveniente del mismo lugar. En ella, los anfitriones rogaban que Dante aceptara de inmediato.

«Necesitamos que pases por nuestra ciudad y nos ayudes, hay personas que esperan oír tu mensaje». Más adelante, detallaba que se trataba de una pequeña reunión en un lugar de recreación, donde un puñado de acampantes estaban deseosos de ser ministrados, aunque aclaraban que ni siquiera podían comprometerse en costear el ticket aéreo. En contrapartida, teníamos otras invitaciones para ir a Londres, Madrid, Australia, Estados Unidos y cualquiera de ellas se veía mejor que la propuesta del campamento. Mientras que estas eran cruzadas o reuniones en coliseos, aquella era una tímida invitación para unos pocos jóvenes.

No quiero que pienses mal, no estábamos midiendo esas cartas por la cantidad de personas que asistirían, sino que de acuerdo a los pagos que debíamos realizar y la escasez de tiempo con el que contábamos, ese no era el momento propicio para salirse del itinerario y asistir a un lejano campamento. Razonamos que no era prudente aceptarla cuando ya teníamos toda la gira perfectamente planificada. Pero llegó una tercera invitación del mismo lugar, y fue entonces que decidimos hacer algo sabio: llevarlo en oración ante el Señor; o esa insistencia provenía de una simple terquedad de los anfitriones o Dios quería decirnos algo.

—Acepten, he preparado algo especial allí —nos dijo el Señor de una manera clara y concisa.

Decir que si demandaba una gran complicación, había

que desviarse del itinerario que habíamos planificado, teniendo en cuenta que ya teníamos fijados determinados plazos para pagar los costos del evento que el Señor nos había encomendado. Aun así, decidimos que lo mejor era obedecer, hicimos un alto en la vorágine, para que Dante pudiera viajar a ese país y predicar en aquel campamento.

Apenas arribó, casi sin tiempo para descansar, lo trasladaron en un pequeño ómnibus hacia el lugar donde se desarrollaba el evento. Allí ministró por unas horas a un grupo muy pequeño bajo una carpa que intentaba mitigar un sol abrasador.

Al regresar al hotel, un hombre de baja estatura y vestido de manera impecable lo estaba esperando hacía varias horas en el lobby del hotel. Como Dante todavía no había tenido tiempo para descansar, lo saludo cortésmente y le preguntó si podía atenderlo más tarde. El hombre insistió que tenía que hablar con él y le dijo que si no le importaba, lo acompañaría en el ascensor, en el escaso tiempo que tardara en llegar a la habitación.

—Como quiera —dijo mi esposo, un tanto confundido por la determinante actitud del individuo— pero solo subiré unos pocos pisos, no creo que ahora podamos hablar demasiado.

—Bastará para lo que tengo que decirte —respondió seguro.

Extrañado, Dante aceptó que aquel hombre subiera al ascensor en el pequeño trayecto hacia su habitación.

—Seré breve, esperaba que vinieras a mi país porque Dios me ha hablado con respecto a tu persona —dijo extendiendo una tarjeta personal— y quiero sembrar en tu ministerio, él me ha dicho que debo darte todo el dinero que te falta para pagar los

Todos los fondos que estábamos necesitando, Dios los estaba proveyendo en menos de un minuto, en el ascensor de un hotel, en un remoto país que casi no entraba en nuestros planes.

gastos del proyecto evangelístico que estás realizando.

Puedes imaginarte la expresión de Dante. Todos los fondos que estábamos necesitando, Dios los estaba proveyendo en menos de un minuto, en el ascensor de un hotel, en un remoto país que casi no entraba en nuestros planes. Mi esposo entró a la habitación y cayó de rodillas ante el Señor. Sin duda, él nos había vuelto a sorprender.

El Señor había hecho efectivo aquello que en primera instancia ni siquiera parecía exitoso.

Para finalizar, quiero contarte una interesante historia que alguna vez transcribió Marcelo Laffitte, un reconocido periodista y fundador de uno de los periódicos cristianos más prestigiosos de nuestro país.

La misma relataba que hace muchos años, un misionero se había preparado gran parte de su juventud para predicar el evangelio en una lejana isla de Papua, en Nueva Guinea. Además de poseer estudios teológicos, se había graduado como médico clínico y suponía que eso influiría de manera positiva en su trabajo con los nativos.

Apenas arribó a la isla, el cacique de la tribu salió a su encuentro y le aclaró que no tendría permitido hablar de Cristo.

—Aquí tenemos nuestros propios dioses, debe saber que si desea permanecer en este sitio, deberá deshacerse de ese libro —dijo señalando la Biblia del predicador— y jamás podrá mencionar una sola palabra acerca de su religión. Si acepta mis condiciones, podrá quedarse.

Muy apesadumbrado, el misionero preguntó si acaso podía ejercer la medicina, a lo que el cacique asintió de manera inmediata, pero recordándole que jamás podría hablar del evangelio y que si lo hacía, su vida correría serio peligro.

En poco tiempo, aquel misionero se ganó la simpatía de los habitantes de la isla, atendiendo a los enfermos de la tribu, vacunando a sus niños, proporcionándoles medicamentos y ocupándose hasta de los partos. Y aunque más de una vez estuvo tentado a predicar, renunciaba a hacerlo, sabiendo que le había prometido al cacique no mencionar una sola palabra del Señor.

Luego de muchos años, contrajo una peste en la propia isla y falleció. Los nativos, le dieron una honorable sepultura, recordando al hombre que les había ser-

En el último súper clásico en River

vido como un excelente médico.

—Fue un hombre piadoso, pero fracasó notoriamente en la misión que le fue encomendada —opinó el concilio que lo había enviado— quizá nuestro próximo misionero tenga éxito y al fin pueda llevarles el evangelio a aquellos nativos.

El segundo enviado partió al poco tiempo, pensando que correría una suerte similar a su predecesor, pero grande fue su sorpresa al entrevistarse con el cacique, que aunque se veía muy anciano, aun conservaba su

90.000 jóvenes en el Monumental

cordura y todavía estaba al frente de la tribu.

—Nos alegra que haya venido —le dijo en un tono cordial— le

doy absoluta libertad para que usted predique de su Dios. El anterior misionero nos demostró con su vida, su silencio y su servicio que de cierto tenía un Dios que vale la pena conocer.

De inmediato, dio la orden al resto de la tribu que prestaran atención a lo que este hombre tenía para decir y que todos debían aprender a leer la Biblia. De manera inmediata, el misionero reportó las novedades al concilio directivo, quienes se alegraron y concluyeron que esta vez, habían enviado al hombre correcto.

—Este misionero si sabe ser exitoso en lo que hace —dijeron, sin sospechar que apenas estaba recogiendo el fruto de tantos años invertidos de su predecesor.

El primero fue efectivo, el segundo, apenas exitoso.

Epílogo
Papeles quemados

Éramos casi un centenar de niñas reunidas en derredor de una fogata. Los campamentos de «Misioneritas» cobraron una gran popularidad en la iglesia argentina de los setenta, eran algo así como los «boy-scout» para mujeres. Durante una semana se nos habló de forma intensiva acerca del llamado, el servicio y nuestro futuro. Supongo que mis padres habían ahorrado cada centavo para regalarme la posibilidad de asistir.

Una predicadora hablaba acerca de entregarse por completo al Señor. La mayoría prestábamos mucha atención a cada palabra y gesto de aquella mujer, que lejos de subestimar a un público infantil, nos hablaba con cierta fe generacional, como teniendo en claro que entre esas niñas de ocho años, podrían estar gestándose mujeres que algún día alcancen sus más preciados sueños y quizá también, recuerden aquel mensaje.

Cerca del final de su sermón y para ser más expositiva, pidió que alguna colaboradora nos repartiera un pequeño papelito a cada una.

—Ese papel que tienen entre sus manos tiene un gran

significado —dijo— representa todo lo que ustedes son, escriban sus nombres en él.

Recuerdo que observé aquel pequeño papel con detenimiento. Toda mi vida estaba contenida en un pequeño trozo de no más de diez centímetros que decía «Liliana». Aunque me faltaban dos años para mi primera década de vida, me preguntaba que me depararía el futuro, si algún día podría servirle, hacer algo por lo que él estuviese orgulloso.

—Ahora quiero que una a una, lo arrojen al fuego —agregó— eso simboliza que todo lo que ustedes son, se lo entregan al Señor.

Fue la primera vez que la palabra «todo» me sonó tan grande. Significaba que mi porvenir, mis estudios, mis amigas, mis padres y hasta mi futuro esposo y mis hijos, que hasta ahora estaban contenidos en ese minúsculo papel, iban a quemarse por completo frente al Señor.

Las niñas comenzaron a acercarse a la fogata y con timidez iban arrojando su papel. Alguien intentaba tocar alguna melodía suave en la guitarra, mientras que se escuchaban algunos sollozos ahogados, entre ellos, el mío.

Es increíble todo lo que ha sucedido en estos pocos años y cuán lejos Dios me ha llevado.

Entregarle todo al Señor significaba darle el control absoluto de mi vida, pedirle que se pusiera al timón de mi futuro. Aunque tenía una infinidad de sueños, supe que alguno de ellos iba a concretarse a partir de que aquel papel se quemara.

Es increíble todo lo que ha sucedido en estos pocos años y cuán lejos Dios me ha llevado. La Biblia habla de una «nube de testigos» y en ocasiones me gusta pensar que mi padre está entre ellos, observando a su pequeña niña cumplir sus más anhelados sueños, además de disfrutar con anticipación aquello que algún día compartiremos; cuando lo vuelva a ver, quiero contarle lo intenso que han sido todos estos años, desde que él se fue.

Quiero relatarle como fue que el Señor me topó con un muchacho poco convencional y me convirtió en su esposa, y aunque él lo conoció pocos meses antes de partir, me gustaría decirle lo mucho que hemos cambiado y todo lo que seguimos invirtiendo para Dios, tal como él lo soñaba para mí.

Recuerdo que cuando éramos novios, Dante venía todas las tardes a visitarme a nuestra casa, cada vez que salía de su flamante empleo y se quedaba hasta la hora de la cena.

—¡Liliana! Por favor, deja ir a «Sevel» —así llamaba mi padre a Dante, sonriendo— ese muchacho necesita descansar y tú también.

Me gustaría decirle que al final nunca descansamos, que vivimos como si cada día fuese el último en que serviremos al Señor, dándolo todo, sin ningún tipo de reservas.

Por mi mente, también pasan los miles de rostros de los distintos jóvenes que en estos años hemos visto llorar ante la presencia del Señor, personas que también le han entregado su vida por completo a Dios y que estoy segura, afectarán la historia adonde quiera que él los envié.

Hace muy poco, el Señor nos dijo que debíamos realizar el último «Súper clásico de la juventud», la última gran reunión masiva de jóvenes, para darle paso a nuevos e inquietantes desafíos. Así lo hicimos, y el estadio River estuvo literalmente repleto. Calculan que unas noventa mil almas se agolparon para oír un mensaje de santidad.

Por nuestra parte, seguimos orando y pidiéndole dirección divina sobre las muchas nuevas puertas que se abren a diario.

Habrá otras oportunidades para seguir contando lo que él seguirá haciendo con gente sencilla que se atreve a creerle. Estoy segura que lo mejor del Señor para nosotros, aun no ha ocurrido.

El sueño de toda mujer es mucho más que sentirse plena y realizada; es tener la plena certeza que aquel papelito, todavía sigue ardiendo en la fogata.

Acerca de la autora

Liliana Gebel nació en San Martín, una ciudad de Buenos Aires, Argentina.

Hija de pastores y esposa del conocido evangelista Dante Gebel, es además, madre de dos niños: Brian (12) y Kevin (6).

Es Vice-Presidente de Línea Abierta Group (una productora integral multimedia) y Presidente ejecutiva de Kingdom TV, un canal cristiano de televisión.

Si deseas comunicarte con la autora, puedes escribirle a: liliana@dantegebel.com y visitar el sitio Web oficial: www.dantegebel.com

Héroes

Incluye cinco discos de tres módulos

MÓDULO UNO:
«Héroes de integridad»
Nunca se dijo tanto en tan poco tiempo. Los hábitos ocultos que te costarán la unción. La presunta «parcialidad de Dios» al ungir sólo a algunos. La santidad sin vueltas, y aquellos pecados que «disfrazamos» con semántica para sentirnos mejor. Vas a sentir cómo se te conmueve el alma.

MÓDULO DOS:
«Héroes de carácter»
¿Qué le pasa a la nueva generación? ¿Por qué tienen 35 años y están solteros? ¿Por qué no se levantan nuevos líderes? La falta de recambio, la doctrina de los «adoradores de la adoración». Todo lo que nunca se dijo.

MÓDULO TRES:
«Héroes de la reforma»
El tercer escalón de Héroes. Hay que escucharlo con cuidado para que nada sea quitado de contexto. Información explícita. ¿Existe la palabra secular o mundano? Las dos áreas que perdimos: las artes y la política. Demoledor.

Pack Mensajes al corazón

Una colección única con siete discos en cada pack, con los mejores mensajes de Dante Gebel. Un recopilado único.

PACK 1: Serie Integridad
«Gracia o Presencia»
«Vacas y puercos»
«Diagnóstico espiritual»
«El tribunal de Cristo»
«Una noche más con las ranas»
«Cuidando la presencia de Dios en tu ministerio»

PACK 2: Vida Cristiana
«Los invisibles»
«Situación límite» (primera parte)
«Situación límite» (segunda parte)
«Toda la noche»
«Los tres jordanes»
«La universidad de Dios»
«Judas, el amigo íntimo de Jesús»

PACK 3: Motivacional
«Corazón de león»
«La cuarta dimensión»
«Zelotes, sólo para hombres»
«Regreso al futuro»
«Recuperando los sueños»
«Príncipe y mendigo»
«Monólogos del show»
¡Un disco para regalar!
Incluye los monólogos: «La famosa televisión», «Diferencias Matrimoniales» y «El divino Showman», además de los temas musicales: «Maldita Tele», «Vuelve a soñar», «El country de la fe» y «Amén».

Revista Edición G

La revista que cambió la manera de hacer periodismo cristiano.

Edición G es distribuida por Vida Zondervan en el mercado hispano de Estados Unidos, América latina, España y Argentina, con el respaldo y la solidez de Línea Abierta Group. 90 páginas en un formato premium, un diseño elegante y una calidad de contenidos que la convierten en un producto único, con informes centrales, grandes entrevistas, debates, investigaciones periodísticas, y la más completa cobertura musical internacional, a cargo de reconocidos músicos y periodistas.

"Creemos que ha marcado una notable diferencia -dice su Director, Dante Gebel- y está dirigida para toda la familia, cada nota, reportaje o cobertura está pensada en afectar positivamente a esta generación".

Edición G representa también un nuevo concepto en todo lo referente al ámbito cristiano, con un soporte acorde: máxima calidad de impresión y encuadernación. Si a esto le sumamos el target al que está dirigido, el resultado es una excelente opción para publicitar productos y servicios de calidad superior, con precios de lanzamiento altamente competitivos. A todos aquellos anunciantes que deseen formar parte de Edición G, o quienes quieran suscribirse, contáctenos a: ediciong@dantegebel.com

No te pierdas la **COLECCIÓN** de todas las cruzadas en DVD

SUPERCLÁSICO EN VÉLEZ

El más reciente show evangelístico que reunió a más de setenta mil jóvenes en Vélez Sársfield, uno de los más imponentes estadios de Argentina. Un espectáculo que va a sorprenderte de principio a fin, con temas musicales inéditos, efectos nunca vistos y hasta verás a Dante volar sobre el escenario. Para disfrutar en familia. Incluye: Cruzada/ mensaje/ cortometraje.

CRUZADA EN RIVER

En esta película podrás apreciar la noche gloriosa en que sesenta mil jóvenes se dieron cita en el estadio monumental de River Plate, solamente para proclamar la llegada de un nuevo ejército: la nueva generación.

CRUZADA EN BOCA

Prepárate a vivir una noche inolvidable desde la famosa Bombonera, con setenta mil jóvenes que colmaron el estadio boquense. Un recorrido de las veintidós cruzadas en todo el interior del país, culminando con la increíble fiesta en Boca. Sorpresas y un mensaje titulado «Diagnóstico espiritual» que te dejará pensando y que va desde las risas hasta las lágrimas. En definitiva, un video para ver y compartir con los amigos. Irrepetible.
Incluye: Argentina Tour 2000 (clip) / cruzada / mensaje

CRUZADA EN EL OBELISCO

Vive la jornada gloriosa en que, históricamente, 100.000 jóvenes colmaron la avenida principal de Buenos Aires, la Plaza de la República. Una fiesta sin precedentes que conmovió a la prensa local y de toda América latina. Un mensaje profético y uno de los más desafiantes de Dante Gebel, desde el mismísimo corazón de Argentina y transmitido a más de veinte países vía satélite. Música, exaltación al Señor, y sorpresas para el final de la noche. Un video para disfrutar en familia. Incluye: clips cruzadas / mensajes /cruzadas

MISIÓN ARGENTINA

El espectáculo multimedia que logró colmar el estadio Luna Park en un récord histórico de tres funciones en un mismo día. Shows de láser, telones de fibra óptica, más de treinta actores en escena, cambios escenográficos, efectos en tres dimensiones, interacción con las pantallas, los monólogos increíbles de Gebel y mucho más, en un show sin precedentes. Incluye: Cortometraje de acción/ show cuadro por cuadro/ making of.

El Último Superclásico
River - La Despedida

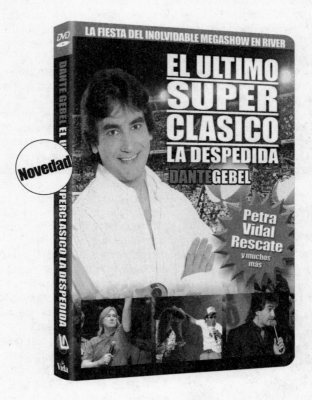

Vive la noche gloriosa en el estadio
Monumental, donde miles de jóvenes se con-
vocaron para la última cruzada. Marcos Vidal,
Rescate, Petra, Ricardo Montaner, Carlos
Annacondia, Alberto Mottesi, Claudio Freidzon,
sorpresas increibles y un espectáculo para el
asombro.
El show más impresionante de la historia de la
juventud. Noventa mil jóvenes en una fiesta
inolvidable. Los evangelistas más conocidos,
invitados internacionales en el último mensaje
masivo de Gebel a los jóvenes cristianos.

Colección Héroes

¡Diez libros que no podrás dejar de leer!

Diez títulos escritos por Dante Gebel dirigidos a aquellos que quieran liderar a la juventud del nuevo siglo. Sin eufemismos ni rodeos, Vida-Zondervan te presenta una colección única con los temas que siempre quisiste leer. El noviazgo, la integridad, la religión, la vida de oración, la baja estima, y muchos más.

Una colección especialmente diseñada para todos aquellos que creen en la nueva generación. Imperdibles y determinantes para aquellos que se empecinan en marcar la historia.

"Son pocos los que tienen el deseo vivo de salir a ganar a una generación junto a ellos. Son contados, aquellos que se animan a correr el riesgo de colocar el primer pie en territorio enemigo, con todo el precio de la crítica que eso conlleva. Orillando en la delgada línea de ser pionero y casi un mártir, por atreverse a caminar una milla extra. Y también son muy pocos, aquellos que desean formar al ejército, brindarle el mayor arse-

nal posible, para que no queden tendidos en la arena de la batalla, sino que puedan estar de regreso, para otras nuevas batallas. Sin subestimar a nadie, recuerdo un viejo proverbio árabe que rezaba: «Un ejército de ovejas comandado por un león derrotaría a un ejército de leones comandado por una oveja. Y sé que en el Reino, y en la vida, hay muchos de esos leones, que puede transformar a un grupo de proscriptos a los que la vida dejó fuera de las grandes ligas, en valientes estrategas de guerra» Dante Gebel -Héroes

HÉROES
El seminario de entrenamiento más explícito.
La jornada de entrenamiento que ya capacitó a más de 25.000 líderes. No apto para gente demasiado «sensible»; ya que recibirán información explícita y se leerán cosas que nunca se mencionan en la Iglesia. Nunca serán iguales, luego de leer esta colección.

El Código del Campeón

«Ustedes pueden impedir que yo sea un predicador con credenciales, pero seré predicador en el corazón. No pueden quebrar mi voluntad, no pueden detener a un huracán. Siempre estaré allí. Deben elegir si desean un predicador colega… o una espina clavada en el pie».

Esta frase que emula al discurso del afamado médico Patch Adams, ejemplifica el espíritu revolucionario de este libro. Dante Gebel es conocido en gran parte del mundo hispano como un orador capaz de internar a sus oyentes en las más fascinantes historias y lograr conducirlos por laberintos emocionales que van desde las risas hasta las lágrimas.

El Código del Campeón contiene la esencia de esos mensajes, sumado a las brillantes historias que desafiarán tu vida radicalmente.

Este es, en esencia, un libro escrito con pasión, dedicado a aquellos que sufren de «insatisfacción Santa», o como diría el mismo autor, los que poseen una doble dosis de ambición espiritual.

«No estoy jugando», dice Gebel en el libro, «no me gusta perder, me siento a dos centímetros del suelo, soy un mal perdedor. Esta es la liga mayor. La mediocridad no me atrae, ser alguien del montón no es mi estilo, voy por el campeonato».

Una obra única que formará parte de la historia de todos aquellos que desean marcar significativamente este planeta. En resumen: *El Código del Campeón* está escrito para gente única, decidida y radical.

Si usted desea ordenar este material por favor contacte a su distribuidor local o escríbanos a Vida@zondervan.com también se puede comunicar telefónicamente con Editorial Vida al 1-800-843-2548 / 306-463-9311 o visitando www.editorialvida.com

Las Arenas del Alma

Las arenas del alma está dedicado a todos aquellos que han transitado por los desiertos personales, ministeriales o espirituales, preguntándose, en muchas ocasiones, en qué fallaron para encontrarse caminando en medio de un páramo desolador. «Es increíble lo que puede lograr un día de caminata por la arena», dice Gebel en el libro, mientras conduce a los lectores a los detalles escondidos en la fascinante historia de Abraham, mezclados con las experiencias personales y las vivencias de aquellos que han tenido que obedecer a Dios, a pesar de sí mismos.

«No hay manera que esta historia te suene espiritual», menciona el autor, al tratar de explicar racionalmente una crisis que golpea en lo más profundo del corazón. Agrega: «Seguramente, pensarás que el cielo no debería estar así».

Un libro que recorre los huecos del alma, y que, sorpresivamente, logra conducir al lector hacia una ovación celestial.

«Las arenas del alma», paradójicamente logrará que dibujes una sonrisa, y te consideres amigo de Dios, aun en medio de la crisis.

Opiniones del libro:

«En medio de ilustraciones que hacen reír a carcajadas, las verdades que comparte son como espadas afiladas que penetran hasta lo más profundo del alma. Es uno de los comunicadores más sobresalientes que conozco.

Dante Gebel para mí representa el tipo de líder que marca la historia.

Es la clase de dirigente que provoca cambios, levanta la fe de la gente y es capaz de influenciar a toda una generación.

Cuando se escriba la historia de esta época, Dante Gebel será recordado como otro Martín Lutero, otro Carlos Spurgeon, otro Billy Graham. Su espíritu innovador lo hace marchar cien años luz delante de otros.

Así fueron y son los reformadores, los que hacen la historia y cambian el rumbo de multitudes»

Dr. Alberto H. Mottesi

Monólogos de Dante Gebel

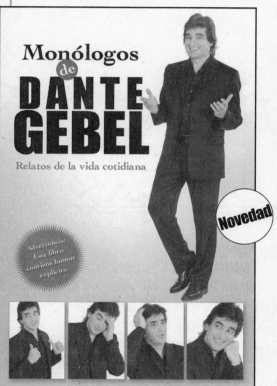

Una recopilación desopilante de los mejores relatos del conocido pastor de los jóvenes. Monólogos humorísticos acerca del matrimonio, el noviazgo, la televisión, las películas americanas, los viajes en avión, las mascotas, las indirectas femeninas, la niñez, el barrio, y hasta relatos de «las mentiras maternas con las que crecimos». Un libro para distenderse y disfrutar en familia con historias que te harán identificar, emocionarte y reir. Original, con la acidez y el humor característico y detallista de Dante Gebel, autor de *«El Código del campeón»* y *«Las Arenas del Alma»*. Un libro para todas las edades, imperdible.

Nos agradaría recibir noticias suyas.
Por favor, envíe sus comentarios sobre este libro
a la dirección que aparece a continuación.
Muchas gracias

Editorial Vida
7500 NW 25 Street Suite # 239
Miami, Fl. 33122

Vida@zondervan.com
www.editorialvida.com